EEN FOUTJE IN MIJN HOOFD

Simonne van Gennip

Een foutje in mijn hoofd

ZEVEN MAANDEN ZWANGER EN EEN HERSENBLOEDING

2014

DE BEZIGE BIJ

AMSTERDAM

Wegens privacyredenen zijn enkele namen gefingeerd

Cargo is een imprint van Uitgeverij De Bezige Bij, Amsterdam

Copyright © 2014 Simonne van Gennip
Eerste druk juni 2014
Tweede druk juni 2014
Omslagontwerp b'IJ Barbara
Foto auteur Patricia Nauta
Vormgeving binnenwerk Peter Verwey, Heemstede
Druk Bariet, Steenwijk
ISBN 978 90 234 8923 8
NUR 301

www.uitgeverijcargo.nl

Voor mijn man en dochters

MAAR NU IK STILTE VRAAG,

DENK NIET DAT IK GA STERVEN

HET IS JUIST ANDERSOM:

WANT IK BLIJK TE GAAN LEVEN

UIT: VERZOEK OM STILTE — PABLO NERUDA

DEEL I

Ontwaken

Wakker worden

Ik doe mijn ogen open. Ik ruik bloemen, een heleboel bloemen. Ik hoor iemand van veraf ademen, rochelen eigenlijk. Er wordt in mijn hand geknepen, over mijn voorhoofd geaaid. 'Stil maar. Stil maar.'

Peter komt dicht bij me. 'Hallo. Hai. Hoi.' Hij zegt het lief en zacht. Ik kijk hem aan. Hij is oud geworden.

Hij kijkt me aan. Zijn ogen zijn moe, zijn gezicht is opgeblazen, zijn huid bleek. Hij probeert te glimlachen. Ik ook. Half.

Ik zeg: 'Sorry.' Al weet ik niet waarom. Het klinkt raar. Het klinkt als 'sollilie'. Peter huilt. Hij zegt dat hij blij is dat ik er ben, dat ik nu af en toe wakker ben. Ik wil hem vragen wat er aan de hand is. Waarom hij zo verdrietig is. Maar ik ben moe. Te moe. 'Julie,' zeg ik, en ik breng mijn linkerhand naar mijn buik. Het klinkt als 'Sju-hu-hu-lie'.

Het rochelen wordt heviger. Een vrouw komt aanlopen. Ze zegt dat 'hij echt anders moet liggen'. Met veel gekreun en gesteun neemt de man – zo klinkt hij tenminste – een andere positie aan, want hij stopt met geluid maken. Voor nu. Ik wijs vragend in zijn richting. 'Andere mensen. Andere dingen.' Peter legt zijn hoofd op mijn arm. 'Ga maar weer slapen.'

Mama

Mama heeft hier drie dagen geslapen. Peter vertelde dat hij en mijn moeder hier in het ziekenhuis waren gebleven. Hij zei dat om aan te geven waarom zijn nek zo stijf was. Ik snapte niet waarom hij hier sliep. Dat heb ik hem ook gezegd.

Ook mijn moeder heeft thuis een veel fijner bed. Het lijkt mij best onhandig om hier te slapen. Met je kleren, en je ontbijt.

Ze zit bij me, en ik zeg haar dat ik het niet begrijp. 'Snlsnlap-nie.' Mama glimlacht en streelt mijn haren. Ze geeft geen antwoord. Ze glimlacht opnieuw en zegt dat ze blij is. Maar zo ziet ze er niet uit. Ze is blij, zegt ze, omdat ik snel – vandaag of morgen – naar een andere kamer zal gaan. Een kamer met iets minder zorg – en dus een kamer waar het steeds beter met me zal gaan. 'Maar,' ze vervolgt haar verhaal alsof ze me een geheim vertelt, 'we kunnen daar ook gewoon de hele dag komen. Je hoeft je geen zorgen te maken. We zijn er als jij dat wilt.'

Ik lach. Hard. Ze kijkt me niet-begrijpend aan. Maar ik lach omdat ik me afvraag wat er zo fijn is aan het bezoeken van mij in een ziekenhuis. Ik snap ook niet dat hier slapen nodig is. Hier zitten lijkt me al een opgave, zo klein en warm is het hier. En ze moet me eens uitleggen of ze niet iets beters heeft te doen. Moet ze niet werken, of gewoon boodschappen doen, koken of naar een bijeenkomst? Of je boek schrijven, wil ik vragen. Ik zeg alleen 'schrijven'. Het klinkt als 'srchlijvuhuh'. Mama kijkt me onverwacht vrolijk aan.

Ze lijkt opgelucht. 'Mijn boek kan wachten.' Ze geeft me een zoen.

Lezen

Vanuit mijn bed kan ik de wolken zien. Soms een paar in een winters blauwe hemel, soms veel in een grijze lucht. Ik wil het aan mijn vader vertellen, maar het lukt niet. Hij kijkt naar me als ik het probeer, maar zegt dan: 'Stil maar meisje, stil maar.' Ik wil vragen waarom ik stil moet zijn. Waarom hij er zo slecht uitziet. Waarom hij gehuild heeft. Maar ik zeg niets.

'Stil maar,' zegt mijn vader weer. Dat is raar, want ik zeg nog steeds niets. Hij wijst naar de deur van de kamer en zegt: 'Er liggen daar nog andere mensen.' Ik snap dat ik in een zijkamer lig. Ik snap dat het klein is. Ik begrijp dat het niet de bedoeling is dat ik naar huis ga.

Ik wil mijn vader vragen wat ik hier doe, hem zeggen dat het best goed met me gaat, dat hij niet zo bezorgd hoeft te zijn en hem vragen hoe het met hem gaat. Maar ik zeg niets, of beter gezegd, ik zeg niets verstaanbaars. Ik mompel iets.

In de kamer naast me begint weer iemand te rochelen. Een ander hoest aanhoudend. Tussendoor hoor je hen ademen alsof ze in een heel diepe slaap zijn.

'Meisje,' zegt mijn vader. Ik kijk weer naar hem. 'Meisje.' Ik wil hem iets zeggen, maar het is te moeilijk. Want wat wilde ik hem ook alweer zeggen?

Hij glimlacht, een beetje. 'Kijk,' zegt hij, 'ik heb iets voor je meegenomen.' Hij opent een krantje en wijst op de kop. *Rond de Linde*. Hij glimlacht weer, en probeert dat bemoedigend te doen, als hij zegt: 'Lees maar.'

Hij vouwt het krantje uit zijn geboortedorp open en wijst een foto aan. En wat eronder staat. Ik moet het lezen, want hij zegt: 'Lees maar.' Ik kijk hem aan. Ik kan het niet. Ik weet niet wat er staat. Ik zie letters. Dat wel. Ik zie letters in een heleboel maten, veel of weinig letters bij elkaar.

Ik weet niet dat er iets moet staan. Ik weet niet wat lezen is. De geur in de kamer leidt mij af. Het ruikt vreemd hier. Het ruikt lekker, als de lente, en tegelijkertijd ruikt het een beetje bedorven. Waarom zijn hier zo veel bossen bloemen? Waarom staan ze in deze ruimte? Ik wil het vragen, maar ik zeg alleen maar: 'Bloemen.' Mijn vader is stil. Hij vouwt de krant dicht. Hij schudt zijn hoofd en zegt: 'Stil maar.'

Klein

Het is klein hier. Dat weet ik omdat ik de muur kan aanraken. En omdat mijn oudste zus iets tegen de verpleging heeft gezegd over de bloemen. Of ze die zo kunnen neerzetten dat ik ze kan zien en mensen tegelijkertijd nog mijn kamer binnen kunnen. Ik moest glimlachen toen ik het hoorde. Mijn grote zus, zij die altijd alles regelt.

Nu zit ze bij me. Stil. Ik wil haar graag zeggen dat ik het lief vind dat ze probeert mijn kamer zo opgeruimd mogelijk te houden. Maar ik raak verstrikt in woorden. Want ik denk 'mijn' kamer, maar sinds wanneer is dit 'mijn' kamer? En waarom ben ik hier? Ik kijk haar aan. Ze kijkt terug.

'Ik weet het niet,' zeg ik en ik probeer te wijzen naar het bed en naar de kamer. Ze gaat verzitten. En ze vertelt dat ik in het ziekenhuis ben. Het is nu vier dagen geleden dat ik hier kwam. Ik was bewusteloos. Ik kan de rechterkant van mijn lichaam nauwelijks bewegen. Ik heb moeite met praten. Ik heb een hersenbloeding gehad. Meer weten ze niet. Ze kunnen niet alle tests doen, omdat ik zwanger ben. Maar mijn kindje – het meisje – is gezond en in orde. Ze glimlacht. Maar haar ogen doen niet mee.

Foto

Ze ziet er slecht uit. Ik weet niet waarom ze steeds met haar hand over haar voorhoofd wrijft. Ik wil het haar vragen, maar ik doe het niet. Ze strijkt de deken op mijn bed glad. Ze gaat staan en verzet een vaas met blauwe bloemen – geen idee hoe die heten. Ze doet hetzelfde met een andere vaas – zijn dat tulpen? Ze kijkt om zich heen of er meer te doen valt, maar dat is niet zo. Ze gaat weer zitten.

Ik kijk op de foto naast me. Mijn oudste zus, mijn middelste zus en ik. Zo'n tien jaar geleden. De middelste zus in het midden, zo hoort het. We lijken best gelukkig.

Nu zit ze hier. Ik wil iets over de foto tegen haar zeggen, maar het blijft bij wijzen. Toch glimlacht ze, omdat ze kennelijk ziet wat ik probeer te doen. Ze schenkt water voor me in. Ze zegt dat ik wat moet drinken. Ze kijkt naar mij. En naar mijn buik. Ik leg mijn hand op mijn buik. Zij legt haar handen op mijn hand. Ik glimlach terug. Dat probeer ik tenminste.

'Hallo'

De dochters van Peter staan aan mijn voeteneinde. Het is raar, ze staan daar maar. Zenuwachtig, moe. De jongste, Lynn, is tien en kijkt naar mij. De oudste, Bobby, is dertien en veegt met haar hand over mijn deken. Mijn middelste zus heeft ruimte voor hen gemaakt door van de rand van mijn bed, waar ze zat, op te staan. Ze nemen de plek niet in. Mijn oudste zus en Peter staan achter hen. Ik wil iets tegen hen zeggen, ik wil aan hen vragen hoe het gaat, ik wil hen aan het lachen maken. Maar het gaat niet. Ik doe het niet. Ik doe mijn ogen even dicht. Dan zeg ik na lang nadenken toch nog iets. 'Hallo.'

Nieuwe kamer

Ja. Nee. Misschien. Ik gok wat ze wil horen. De verpleegster vraagt me allerlei dingen, en ik heb geen idee wat ze eigenlijk wil weten. Ik lig in een nieuwe kamer, bij het raam. Het is een tweepersoonskamer, maar ik ben alleen. De ruimte is groter dan de vorige, het gelige behang dat op sommige plekken grijs is geworden maakt de kamer triest.

Ik voel me somber, en wil alleen zijn. Maar de zuster gaat door met vragen. Wil ik wat drinken? Wil ik ook wat eten? Weet ik wel dat er een logopedist voor mij komt? En dat de artsen vandaag nog komen? En de fysiotherapeut komt morgen, is dat duidelijk?

Ze vindt mijn gemompel genoeg antwoord en gaat verder met haar uitleg over de apparaten. Ik onthoud alleen het apparaatje waarmee ik een zuster kan roepen. Dat is genoeg. Dan gaat ze op mijn bed zitten. Zij gaat nu voor me zorgen, zegt ze. Zij en een collega. Ik moet me geen zorgen meer maken. Ik voel aan mijn buik. Ik voel Julie. Ik val in slaap.

Paal op wieltjes

Ze takelen me omhoog. Ik zie mijn tenen en vraag me af of ze weten wat ze doen. Waarom is dit nodig? Moet dit? Ik wil het ze vragen, maar ik ben zo geconcentreerd op het uit bed komen dat ik niets zeg.

Als ze klaar zijn om te gaan rijden hang ik aan een paal op wieltjes. Mijn benen steken in een soort grote, zwarte onderbroek, de achterkant is vastgemaakt aan de paal. Het is een vreemd gezicht om mijn luier te zien. Een volwassen, zwanger lijf in een grote babyluier. Het vraagt om een grapje, maar ik kan er geen bedenken.

'We gaan rijden.' De verpleegster zegt het voor de tweede keer, terwijl haar collega al na de eerste keer 'oké' zei. Met veel duwen en trekken komen we op de gang, en vandaar gaan we verder naar de wc. Daar word ik losgemaakt, wordt mijn luier van me afgehaald en word ik op de bril gezet. 'Daar is een knop, daarmee kun je ons roepen.' Ik knik. Ik kijk rond, vraag me af wat ik hier doe en sluit mijn ogen terwijl ik achteroverleun.

'Hé, je moet wat doen.' De verpleegster klinkt boos. Ik kijk haar aan. Ze ziet eruit alsof ik haar ophoud. Alsof ze zo veel heeft te doen, dat ze het niet kan hebben dat ik er ook nog ben. Ik denk na. Ik ben hier neergezet, en toen ging zij weg. Ik weet niet wat er daarna gebeurde. Ik moet in slaap zijn gevallen. Als ze ziet dat ik haar werkelijk niet begrijp wordt ze milder. 'Poepen. Je moet poepen.'

Eten

De verpleegkundige heeft me overeind gezet en een kussen achter in mijn rug gezet. Ze heeft het tafelblad uitgeschoven en de punt van een servet boven in mijn pyjama gestopt. 'Voor als je knoeit.' Ik krijg vla. Het zit in een glazen potje. Het is geel, gele vla. Ik ga hem zelfstandig opeten. Tenminste, dat is de bedoeling, want de verpleegster is vertrokken.

Er is een lepel naast gelegd. En die lepel moet ik gebruiken om de vla op te eten. Want ik heb honger.

Maar ik weet niet hoe ik dit glazen potje in mijn ene hand moet houden en met mijn andere de lepel vast moet houden. Ik probeer mijn rechterhand naar de lepel te bewegen. Twee keer. Het lukt niet.

Ik pak de lepel met mijn linkerhand vast. Ik probeer een hapje uit het bakje te nemen, maar ik heb mijn rechterhand nodig om het potje vast te houden. Ik probeer mijn rechterhand erbij te leggen. Ik probeer het twee keer. Weer lukt het niet.

In de buurt van waar de lepel lag, ligt ook een rietje. Ik had het al gezien, maar niet begrepen wat het rietje met het eten te maken had. Nu begrijp ik dat het dient om de vla mee op te zuigen. Weer probeer ik het met mijn rechterhand te pakken. Weer lukt het niet. Ik pak het met mijn linkerhand en stop het in de vla. Voorovergebogen kan ik nu aan het rietje lurken. Maar er komt niets. De vla is te dik, of ik zuig niet hard genoeg.

Mijn middelste zus komt binnen. Ik kijk op. En laat het

rietje uit mijn mond vallen. Zij zegt dat ze me gaat helpen, dat ik me geen zorgen hoef te maken. Ze aait over mijn haren. Ze pakt de lepel. Ze geeft me hapjes vla. Tot alles op is. 'Dank je wel,' wil ik zeggen. Maar ik mompel alleen maar iets.

Ka-doef, ka-doef

De gynaecoloog komt binnen met een monitor op een tafeltje met wieltjes. Hij zet hem naast me neer. Hij zegt me gedag, hij is vriendelijk en geduldig. Hij is ongeveer even oud als ik. Hij legt uit wat hij gaat doen. Ik wil hem zeggen dat ik het weet, dat hij hier al eerder heeft gestaan, dat hij moet opschieten, omdat ik de baby wil zien. Maar ik zeg niets.

De gynaecoloog praat met Peter, tegen Peter. Hij zegt dat hij in ieder geval de komende week elke dag een echo wil maken. En dat we, zodra we denken dat er iets mis is met mijn zwangerschap, het moeten zeggen tegen een verpleegkundige. Die zal dan een gynaecoloog roepen. 'Meteen,' herhaalt hij terwijl hij naar Peter kijkt. Het is alsof hij niet zeker genoeg is dat ik hem snap.

Ik ga zo goed mogelijk liggen. Peter haalt de kussens weg. Ik til mijn shirt op. Mijn buik is groot. Het lijkt of mijn navel naar buiten wordt geduwd. Ik glimlach.

De gynaecoloog smeert gel op mijn buik. Met een apparaatje glijdt hij over mijn buik. Hij trekt de monitor erbij. Op het scherm zie ik mijn kindje. Haar gezichtje, haar wangetjes, haar mondje, haar neusje, haar ogen. Ik denk dat ze slaapt. Maar dan beweegt ze. Ze verlegt haar hoofdje. Twee keer. Peter lacht opgelucht. De gynaecoloog glimlacht.

Ik zie haar armen, haar vingers, haar benen, haar tenen. Ze zijn niet goed te zien, maar ze zijn er wel. Dan zie ik haar lijfje. Haar borstkas. De plek waar haar hartje zit. Heel zacht, bijna vanuit de verte, hoor ik: kadoef-kadoef, ka-doef, ka-doef. Meisje, denk ik, groei maar. Rust maar. Het komt goed. Echt waar.

De gynaecoloog draait aan de knoppen van het beeldscherm. Hij zet de hartslag harder. Ka-doef, ka-doef, ka-doef, ka-doef. Ik herhaal het. Het gaat snel, maar het klinkt zoals het moet klinken. Snel, maar regelmatig. Ik huil. In mezelf.

Zanger in een ziekenhuis

Een zanger in een ziekenhuis. Die niet voor een behandeling komt, maar om op te treden. Kennelijk is dat bijzonder. De verpleegster komt op de rand van mijn bed zitten en zegt: 'Amerika, dat is wel een heel end.' Het lijkt de bedoeling dat ik reageer, want ze zegt het nog eens. Maar voor ik iets kan bedenken, vult de kamer zich met emotionele en licht zenuwachtige mensen.

De verpleegster staat op, en de oudste dochter van Peter neemt haar plaats in. De jongste dochter gaat naast mijn middelste zus zitten. Ze krijgt mijn neefje op schoot. De meisjes zijn bleek. Waarom zeg ik niets tegen ze? Ik denk wel woorden, maar ik spreek ze niet uit. Ik glimlach een beetje. De oudste van de twee streelt de haren op mijn hoofd. Mijn vriendin Maartje staat achter ons. Peter staat aan de andere kant van het bed. Niemand glimlacht terug.

John Gorka, de zanger-uit-het-verre-Amerika, komt binnen. Hij is klein, bescheiden, verlegen misschien. Hij draagt een zwarte spijkerbroek, zwarte kistjes en een zwart T-shirt. Twee dingen vallen me op. Hij raakt me even kort aan als hij 'hey' zegt. En zijn baard, zijn halfgrijze baard. De haren op zijn kin, op zijn wangen, zijn een tikje vies. Maar ook aardig en zacht.

Hij is naar Nederland gekomen voor het feest van Peter en zijn vriend. Dat gaat nu niet door. Maar hij heeft nog andere optredens, 'en,' zegt Peter, 'hij treedt nu voor jou op.'

Gorka gaat op de stoel zitten die aan het einde van mijn

bed is gezet. Hij pakt zijn gitaar. En begint te zingen. De kamer is vol. De mensen zijn stil. De vriend van Peter zit op de grond naast Gorka en fotografeert mij. En de mensen om me heen. Tegen het einde van het nummer laat hij zijn camera zakken. Zijn gezicht is rood, de tranen lopen. Zijn schouders gaan op en neer. Hij hikt een beetje.

Ik zoek de blik van mijn zus omdat ik het niet snap. Maar ook bij haar zie ik tranen in haar ogen. Zij kijkt mij lief aan, maar helpt me niet. Bij het tweede nummer zoek ik hulp bij Peter, bij Maartje, bij de meisjes. Maar zij kijken naar mij zoals mijn zus deed.

Terwijl Gorka zingt: 'I didn't know where to look for you last night, I didn't know where to find you,' huilt Peter. Hij snikt met grote uithalen. Hij houdt mijn rechterhand vast. Gorka zingt het refrein. 'I am here, you are there. Love is our cross to bear.' Ik huil. Eindelijk. Een beetje. Omdat dat kennelijk zo hoort. En omdat ik het naar vind dat hier mensen zijn die verdriet hebben. Om mij. En ik huil omdat er iets ergs met me aan de hand is. Iets heel ergs.

Snoepmeisjes

Het is stil in de kamer. Er is niemand. Het is alsof er niets gebeurd is, alsof ik gedroomd heb, alsof ik niet in een ziekenhuis lig, maar gewoon thuis ben. Peter komt binnen. Hij kijkt bezorgd. Hij zegt dat hij twijfelt of hij naar een optreden van John Gorka zal gaan. 'Ik weet niet hoe het met jou zal gaan als ik weg ben. En ik weet niet of ik het nou zo leuk vind, een optreden zonder jou.'

Hij zegt het meer tegen zichzelf dan tegen mij. 'Net was ik weg, even maar, en weer heb je geslapen. En weer lijkt het niet tot je door te dringen wat er aan de hand is.'

Ik kijk om me heen. Naar de deken, het laken, de muren, het prikbord. Ik ben niet thuis, het was geen nachtmerrie. Ik ben in een ziekenhuis.

Peter gaat naast me zitten. Hij zucht en kijkt naar buiten. En hij zegt nog eens dat hij het niet weet. 'Niets eigenlijk.'

Volgens mij doet Peter niets anders dan hier zijn. Ik vind dat best naar. Hij ziet er slecht uit. Hij kan wel een uitje gebruiken. Ik zeg tegen Peter dat hij moet gaan, en dat zo'n optreden vast leuk is. 'Alleen, geen snoepmeisjes.'

Peter kijkt me verdwaasd aan. Ik knik om mijn woorden kracht bij te zetten. En zeg het nog een keer: 'Geen snoepmeisjes.'

Lopen

Ik loop. Tenminste, ik ga lopen. In de hal van de etage van het ziekenhuis sta ik bij een muur. Rechts en links zijn liften. Tegenover me – zo'n tien stappen tussen hier en daar – is een andere muur. En een raam, misschien wel met uitzicht. Het is nog licht. Nog net.

De afspraak die ik met mezelf heb is daar bij die muur te komen, hoelang het ook duurt. Ik heb nog een rollator vast, en er staat een rolstoel op me te wachten. Maar ik ga zonder loophulpstuk de overkant bereiken. Dat zeg ik tegen mijn vader, die met me meeloopt. Papa kijkt verdrietig. Of nee, niet echt verdrietig, maar op, gebroken, tien jaar ouder dan hij is.

'Kom,' zeg ik tegen hem. Ik laat de rollator los en zet een stap. Ik val tegen mijn vader aan. Ik ben zwaar, dat weet ik. Dat komt door het meisje in mijn buik. Ik wijs naar mijn buik en probeer te lachen. Hij houdt me vast. Hij wil dat ik stop, dat ik het morgen of overmorgen opnieuw probeer, maar ik wil lopen.

Nu. Ik pak zijn arm en zet een stapje. En nog een, en nog een. Het is niet mooi, maar het gaat. Zo gaan we stapje voor stapje, soms even wachten, even uitrusten, naar de overkant. Ik kom bij het raam. Hoelang hebben we erover gedaan? Het is donker. Ik zie lampen die de stad verlichten. Ik zie auto's, fietsers en voetgangers voorbijgaan. Ik zie ze van een heel grote afstand, alsof het niet mijn wereld is waarin ze rijden en lopen. Ze gaan snel, makkelijk, soepel.

Ik kijk mijn vader aan. Ik wil weten hoelang ik hier ben, hoelang ik hier blijf, en vooral hoe het met hem gaat. 'Hoelang...?' begin ik. Maar ik houd op. 'Zitten,' zegt hij. 'Eerst zitten.' Hij haalt de rolstoel, terwijl ik tegen het raam leun. Hij helpt me te zitten, en rijdt me naar mijn kamer. Terwijl hij me duwt zegt hij: 'Elf dagen, je bent hier elf dagen.'

Ik ben verbaasd. Ik vraag mijn vader of de dokters iets weten, of ze iets kunnen zeggen. 'Dat komt morgen,' zegt hij, 'morgen.' Dan vraag ik hoe het met hem gaat. Hij kijkt me aan en schudt zijn hoofd. Ik zie het en snap het maar half. Ik wil huilen, maar ik kan niet huilen. Ik vraag hem daarom maar of hij het goed van me vond dat ik probeerde te lopen. Hij knikt. 'Slapen. Ga maar slapen.'

Dokter

Ik ben hier nu dertien dagen. Dat heb ik net gehoord van de twee mannen, de dokters, die bij me zijn. Dertien dagen en ik kan me alleen maar momenten herinneren. Ik weet dat ik in een ziekenhuis ben, ik weet dat ik met kussens in mijn rug rechtop kan zitten, ik heb oefeningen gedaan met de logopedist, ik heb met hulp van de fysiotherapeut mijn been bewogen en met mijn arm gezwaaid. En ik vraag nu aan de dokters wanneer ik naar huis mag. Want ik vind dertien dagen genoeg.

De oudste van de twee lacht vriendelijk. Maar hij geeft geen antwoord en hij kijkt ernstig. 'We kunnen nog niets zeggen. Misschien ben je straks wel voor vijfennegentig procent opgeknapt, maar vind je vijf procent verlies heel veel omdat het om iets gaat wat je belangrijk vindt.'

De dokters, een neuroloog en een semiarts, staan allebei aan een kant van het bed. De verpleegster had gezegd dat ze zouden komen. Het lijkt op hoog bezoek. Zij staat erbij, als een dienstmeisje, iets achter hen. De oudste, de neuroloog, is maar een paar jaar ouder dan ik. Hij heeft een vrolijk en aardig gezicht, maar een ernstige blik. 'De komende tijd houden we je in de gaten.'

Hij pakt mijn rechterhand en vraagt me mijn hand te sluiten. Het gaat moeizaam. 'Knijp maar in mijn hand.' Hij schrijft iets op. Hij pakt een lampje uit zijn borstzak, en schijnt ermee in mijn oog. Hij roept zijn collega. Die mag het ook doen. Ik kijk de arts aan. Ik heb geen idee waar ze mee bezig zijn. Hij lijkt het te zien, want hij bergt het lampje op en zegt: 'We hebben nog wat vragen. Mijn collega zal ze stellen.'

De semiarts gaat zitten. Hij kijkt geconcentreerd. Hij vraagt mijn naam, mijn leeftijd, en of ik weet hoe ik hier gekomen ben. Hij kijkt naar Peter. 'Soms vraag ik dingen die we al weten. Dat doen we om het geheugen te testen.'

Op de vragen wanneer ik hier ben gekomen of hoelang ik hier ben, weet ik geen antwoorden. Ook of het 's morgens, 's middags of 's avonds was, weet ik niet meer. Maar als hij vraagt wat voor werk ik doe, weet ik het. Bijna blij zeg ik 'journalist' en ik kijk hem trots aan. Maar als hij vraagt waar ik werk, en wat ik precies doe, weet ik het niet meer.

Peter grijpt in, hij vertelt over de *Haagsche Courant*, over de *Digitale Muurkrant Schilderswijk*, over mijn columns die ik schreef voor het Haagse deel van het *Algemeen Dagblad*, over het magazine *Sprout* en de Geassocieerde Pers Diensten (GPD), waar ik werkte toen ik hier terechtkwam.

Ik ben verbaasd. Niet zozeer over wat hij vertelt, maar wel over de energie waarmee hij het vertelt. En dat ik dat allemaal heb gedaan. Even zie ik mezelf als verslaggever, als eindredacteur en als columnist. Het voelt als iets wat ik lang geleden deed, heel lang geleden. Ik wil dit zeggen, maar het lukt niet. Hoe zeg je zoiets en wat wilde ik eigenlijk precies zeggen? Peter praat verder. Hij legt zijn hand op mijn hand. Zijn stem is licht, hij praat makkelijk, het is alsof de woorden weten welke plaats zij moeten innemen. Hij kan zeggen wat ik zou moeten zeggen. De neuroloog lacht naar hem. Peter lacht vriendelijk terug en zegt: 'Ik wil er maar mee zeggen dat zij goed met taal was. En snel. Ze was heel snel.'

Ritje in de ambulance

Tussen tien en twaalf uur, dat hebben ze gezegd. Dan word ik opgehaald en naar het revalidatiecentrum gebracht. Kwart voor tien ben ik klaar. Ik zit op de rand van mijn bed. Ik ben nerveus. Hoe weten we wanneer die mensen van de ambulance er zijn? Hoe weten ze dat het om mij gaat? Hoe weten ze dat ik hier lig? Het is een groot ziekenhuis. Ik wil het vragen, maar ik zeg: 'Hoe?' en ik wijs om me heen. De verpleegster glimlacht, en het irriteert mij. Hou toch eens op met lachen, wil ik zeggen, geef gewoon antwoord. Maar ik zeg niets, want ik weet niet hoe ik de woorden achter elkaar moet uitspreken. 'Ze weten het wel,' zegt ze.

Peter gaat naast me zitten. Hij glimlacht tegen de verpleegster als hij haar bedankt. 'Ze weten dat je hier ligt,' zegt ook hij tegen mij. Ik kijk hem aan. Ik heb al vaker gemerkt dat hij en de verpleegsters, de dokters, de fysiotherapeut, de logopedist elkaar begrijpen. Zomaar. Alsof ze er geen moeite voor hoeven doen. Alsof het natuurlijk gaat. Alsof het normaal is. Ik snap dat niet, en op de momenten dat ik het zie is het alsof wij in verschillende werelden leven. Zij in de wereld waarin mensen glimlachen, ja knikken, of nee schudden, zorgelijk kijken, of juist opgelucht, elkaar tips geven of sterkte wensen. Ik leef in mijn eentje in een andere wereld. De wereld die niet begrijpt waar de andere wereld het over heeft. Soms komen ze dichtbij. Zoenen ze me, of praten ze met me, zitten bij me, stellen me allerlei vragen, of vertellen iets over zichzelf, maar ze blijven in hun wereld. In de wereld waar ik niet bij hoor.

Ik doe mijn ogen dicht en denk dat ik nadenk. Maar als ik ze weer opendoe, is het halftwaalf en staan er twee mannen bij mijn bed. Ze zeggen 'Hallo' en 'Hai'. Ik wil ze een hand geven, maar dat gaat niet. Dus zwaai ik maar een beetje. Peter schudt ze wel de hand en heeft een kort gesprek met ze. Weer. Ik kijk hem aan. 'De mannen zijn de ambulancebroeders. Doe maar wat ze zeggen.'

In de ambulance wil ik naar buiten kijken. Rechtop zitten en zien wat er gebeurt, waar we zijn en waar we heengaan. Maar dat mag niet. Ik moet op de brancard blijven liggen – de bladeren van de bomen, de tramkabels en de bewolkte lucht zijn het enige wat ik te zien krijg. Het heeft iets raars. Aan de ene kant is het vervelend, en irritant. Ik moet liggen, terwijl ik wil zitten. Ik kan niet zien waar we naartoe rijden. Ik word misselijk en duizelig en zweterig. Maar aan de andere kant is het spannend. Ik weet niet waar we naartoe gaan, en ik kan het maar half zien. Het is als een doolhof. Het ergert je dat je niet weet of en wanneer je de uitgang vindt, maar tegelijkertijd is dat de reden dat je loopt. Dat je zoekt, dat je kijkt en dat je vindt.

We zijn er. Ik word met brancard en al naar de hal van het revalidatiecentrum gebracht. De mannen overleggen met het verplegend personeel. Weer praten de verplegers en de ambulancebroeders over me, en lig ik erbij zonder iets te zeggen, zonder dat me iets gevraagd wordt. Ik word naar boven gebracht. Daar is mijn kamer. Klein, maar een kamer voor mij alleen. Voor mij alleen omdat ik zwanger ben. Ik aai met een hand over mijn buik. Stil maar, denk ik.

In de kamer is een wasbak en een spiegel. Er staan een kast, een tafeltje en een bed. Een bed naast het raam waardoor ik naar buiten kan kijken. Als ik op het bed zit, zie ik wie er het revalidatiecentrum in en uit gaat. Een aardige, rustige verpleegster, het type moeder-van-iedereen, zegt dat ik de tijd kan nemen om te wennen. Peter is er, en ze is vriendelijk tegen hem, maar ze praat tegen mij, met mij. Door haar voel ik me op mijn gemak.

Na een halfuurtje komt de verpleegster weer binnen. Ze vertelt me over de gang van zaken. Het is eigenlijk simpel: ontbijten op de etage waar ik ook slaap, lunchen en avondeten beneden in het restaurant. Lunchen is warm eten, avondeten zijn boterhammen. Oké. Dat kan ik onthouden. Maar als de verpleegster doorgaat over douchen, over aankleden, over slapen en opstaan, raak ik de draad kwijt. En als ze begint over de fysiotherapie, de logopedie, de testen die de psycholoog gaat doen en de ergotherapie, haak ik af. 'Laat maar,' zegt ze. 'We gaan wat eten.'

Ik kijk haar aan. Ik snap het niet. Waar gaat ze heen? Wat gaat ze doen? Ik zit op die kamer die de mijne niet is, in een tehuis dat ik niet ken, met Peter die hier niet blijft, in een omgeving waar ik niet wil zijn. Ik wil naar huis. De verpleegster komt terug, en zet twee boterhammen en een glas melk voor me neer. Ze zegt: 'Rustig maar. Het komt wel. Eerst eten. Dan even slapen. Rustig maar.'

Alleen

Peter is weg. Na het middageten is hij gegaan. Ik wilde dat hij bleef. Ik vond dat hij moest blijven. Hij kon me niet alleen laten, hier, met mensen die ziek zijn, mensen die raar doen, mensen met een blik op oneindig, mensen die alleen met een verpleegster kunnen doen wat ze vroeger zelf deden. Ik zoek een zin, een woord, dat maakt dat hij blijft. Ik zoek een manier om hem duidelijk te maken dat hij niet weg moet gaan. Maar het lukt niet. Hij snapt me niet, hij kan me niet begrijpen. Hij had geglimlacht. Zijn ogen waren vochtig. Hij had me geknuffeld. En was gegaan. Ik was alleen.

Na tien minuten komt er een verpleegster binnen. Ze komt me halen om te eten. 'Boven nog dit keer. We moeten bepalen of je goed slikt.' Ik wil iets zeggen over dat slikken, maar de verpleegster heeft het al over iets anders: mijn rolstoel. Aan de rand van de kamer staat zo'n stoel op twee wielen, en de bedoeling is dat ik erin ga zitten. De verpleegster rijdt de stoel bijna tegen mijn benen aan, 'want hoe dichterbij, hoe beter'. Ik moet nu van het bed opstaan en in de stoel gaan zitten. Het lukt, maar ik ben moe alsof ik een lang stuk heb gesprint.

De zuster duwt me, maar, zegt ze, morgen ga ik met de ergotherapeut naar de mannen die alles doen met rolstoelen, rollators en krukken. 'Dan leer je ook zelf te rollen met dit wagentje.'

Ook deze verpleegster is aardig. Ze is jonger dan de andere. Ze is, denk ik, van mijn leeftijd. Een jaar of 34. Halflang bruin haar, bruine ogen, en witte gympies. Ik wil haar vragen of ze inderdaad in de dertig is en of ze het leuk vindt om hier te werken. Maar ik doe het niet. Ik moet opletten. Ze rijdt me mijn kamer uit, de gang door, een zaal in met een tafel met borden en bestek. De andere drie tafels zijn leeg.

Ze zet me aan de gedekte tafel. Ze geeft me een glas melk en vraagt wat ik wil eten. Ik kijk haar aan, en voel me verdrietig. Ik wil weg, ik wil alleen zijn, ik wil thuis zijn. Ik wil eten. Maar ik weet niet hoe en ik weet niet wat. Ik zeg niets, ik mompel iets en ik kijk waarschijnlijk wanhopig, want de verpleegster pakt de soorten beleg die op tafel staan en zet ze naast elkaar. Kaas, ham, pindakaas, hagelslag. Wat ik op mijn boterham wil? Iets van een lach komt op mijn gezicht. 'Hagelslag.'

Douchen

Douchen op een stoel. In een ruimte die groot genoeg is voor een bed. Twee of drie bedden, eigenlijk. Liggend wordt hier ook gedoucht. Op brancards die nat mogen worden. Want die zijn hier ook, mensen die niet mogen of kunnen zitten. Die hele dagen en nachten liggen. Wachten tot het beter wordt, en wachten tot ze weten hoeveel het beter wordt.

De vrouw die mij doucht neuriet een beetje terwijl ze mij wast. Ik kijk naar mijn buik. Die is rond en volgens mij nog groter dan gisteren. Ik zeg tegen mezelf de naam van het meisje. 'Julie, Julie, Julie.' Het leidt mij af van wat er gebeurt. Even. Dan moet ik naar de wc. De vrouw die mij doucht, of beter gezegd de verpleegster, is aan een arm bezig en kijkt verbaasd bij mijn vraag. Maar de wc is in dezelfde ruimte en ik moet zo nodig. De verpleegster lijkt te twijfelen, maar zegt: 'Natuurlijk.' Het klinkt geïrriteerd. 'We moeten gewoon even van positie veranderen.'

Ik begrijp niet wat ze bedoelt, maar word in mijn rolstoel geholpen en krijg een grote handdoek om me heen. Twee meter verder moet ik de rolstoel weer uit, en ga ik op de wc zitten. Plassen. De zuster zegt dat het 'handiger is om voor het douchen te gaan'. Maar ik kan me onmogelijk herinneren wanneer ik voor het laatst naar de wc ben geweest – was het een uur geleden, een kwartier, gisteren? Misschien ben ik wel vlak voor het douchen geweest. Ik weet het niet meer.

Eenmaal terug onder de douche begint de verpleegster het verhaal van gisteren opnieuw. Over tijden en afspraken, ontbijt, lunch en diner, en over slapen overdag. Ze maakt een grapje tussendoor en ze glimlacht. Ze vraagt of het duidelijk is. Ik zeg ja. Twee keer. Maar als ik probeer te herhalen wat ze heeft gezegd, weet ik alleen dat het gaat over wanneer ik wat moet doen. Maar hoe laat ik waar moet zijn, of wat moet doen, is me volstrekt onduidelijk. Laat staan het waarom.

Ontbijt

Twee verpleegsters helpen me met aankleden. Mijn jogging-broek, sokken en gympies, de rest moet, mag ik zelf doen. Het is tijd voor het ontbijt. De dag is nauwelijks begonnen, en ik ben moe, zo moe. Ik zou willen slapen, uitrusten van het douchen, een uurtje maar. Kan het? De zuster die me heeft gedoucht, raakt geïrriteerd. 'Slapen kan 's middags. Maar niet nu.' Ik kijk naar haar, maar zeg of doe niets. Ik weet niet wat ik moet doen. Boos zegt ze nu: 'Kom, je moet nu eten. Ontbijten. Kom. Kom.'

De andere zuster is rustiger. 'Kom,' zegt ook zij, maar ze klinkt liever, aardiger dan haar collega. Ze zet de rolstoel klaar bij het bed. Ik kijk haar aan, knik en laat me in de stoel zakken.

Ze rijdt me naar de zaal. Op de tafels staan schalen met kaas en vlees. En brood. En chocoladepasta, jam, hagelslag, vruchtenhagel en pindakaas en kannen melk en karnemelk. Ik mompel goedemorgen tegen de mensen aan tafel. Twee mannen zeggen goedemorgen terug. Eén een beetje bin-nensmonds, meer tegen zichzelf dan tegen mij. Eén zegt het luid. Hij schreeuwt bijna. Om dan op even harde toon er-achteraan te zeggen dat ik het me maar moet laten smaken. Niemand reageert. Ik ook niet. Een vrouw vervangt de ther-moskannen koffie en thee. Ze zegt steeds: 'En hier is er nog een. Alsjeblieft.' Een man zegt: 'Dankjewel.' En hij maakt nog een grap, maar die snap ik niet. De anderen kijken naar buiten, naar hun bord of maken zich op om te vertrekken.

De zuster gaat bij me zitten. Ik wil kaas en hagelslag. En thee en melk. Geen koffie, nee. Koffie is smerig, vind ik. Ze smeert mijn boterham, maar zegt: 'Dit is de laatste keer. De volgende keer moet je het zelf doen.'

De zuster lacht vriendelijk als ze de vraagtekens in mijn ogen ziet. Ze zegt: 'Ik zal het voordoen. Het is niet zo moeilijk als het lijkt.' Ze pakt een plankje, er zitten op verschillende plekken allemaal pinnetjes op. 'Op deze plank leg je je boterham. En de pinnetjes zorgen ervoor dat hij stil blijft liggen. Het kan ook met de boter of met jam of de kaas. Zo heb je maar één hand nodig om je boterham te smeren. Probeer maar.'

Ik kijk haar wazig aan. Pinnetjes. Een plank. Een boterham. Ik moet iets doen. Met de boterham. En de plank, geloof ik. Maar ik weet niet wat. Niet meer. Even had ik gedacht: ik snap het. Maar dat was snel overgegaan en veranderd in alleen maar drie dingen – pinnetjes, een plank, een boterham – zonder dat die een verband met elkaar hadden. Ik kijk de zuster aan. En schud mijn hoofd. Ze moet het me nog een keer uitleggen, en nog een keer, voordat het blijft hangen. Als ik uiteindelijk een halve boterham heb gesmeerd en dubbelgevouwen en tevreden in mijn mond heb gestopt, kijk ik om me heen. Op de verpleegster na is er niemand meer in de zaal.

Vergissing

Ik zit op mijn bed als ze me komt halen. Mijn bed is half omhoog gezet. Er ligt een tijdschrift naast me. Ik heb dat gepakt, omdat ik dat altijd deed, op bed gaan liggen met een tijdschrift. Maar ik weet eigenlijk niet wat ik ermee moet doen. Ik heb ernaar gekeken en het weer naast me neergelegd. De vrouw, van een jaar of 35, zegt dat ze fysiotherapeute is. De komende tijd zal ze me samen met een collega behandelen. 'Volgende keer kun je het vast zelf, maar nu gaan we samen,' zegt ze. 'Twee keer per dag kom je bij ons. Wij zullen kijken hoe het gaat en daar de oefeningen op aanpassen. Maar voel je vrij om ook zelf aan te geven dat het te veel of te weinig is. Dan doen we daar iets aan.'

Ze helpt me in mijn rolstoel en rijdt me door de gang naar de ruimte van de fysiotherapeuten. Op de muren zijn posters, kaarten en tekstjes geplakt, de ballen die in een net aan de muur hangen zijn oranje, rood, geel en blauw.

Aan de rechterkant is ruimte voor de behandeling. Er zijn vijf plaatsen voor patiënten. Liggend op een bed, zittend op een bank, in een rolstoel of staand. De fysiotherapeute helpt me uit mijn rolstoel op de bank en vraagt of ik goed zit. 'Je moet het echt zeggen als er iets is, oké?'

Bij de vensterbank zitten twee patiënten te praten. De een in een rolstoel, de ander op een stoel. Zijn rollator staat rechts van hem. De twee praten hard, te hard. Het gaat over hoelang ze hier al zijn en hoelang ze nog moeten blijven. Het raam achter hen, groot en hoog, leidt me af. Ik kijk naar buiten en omdat ik zit, zie ik alleen de toppen van de bomen en de wolken in de lucht. Drie kleine en een grote wolk komen voorbij, verder is de lucht blauw. Ik denk even aan Griekenland, aan de warmte en de traagheid van de Peloponnesus. Een vreemd woord, dat me opeens te binnen schiet. Was ik daar? Wanneer? Met Peter? En hoezo?

'Oké?' De fysiotherapeute wil dat ik reageer. Ik knik. Ik zou haar graag zeggen dat het een vergissing is dat ik hier ben. Dat dat snel zal blijken. Misschien niet morgen, maar snel zal duidelijk worden dat het echt heel erg meevalt met mij. Dat het niet zo erg is als het lijkt. Dat ik het heel aardig vind van haar dat ze haar best gaat doen, maar dat ze zich geen zorgen hoeft te maken, want dat ik binnenkort weer gewoon loop en mijn arm gebruik. Maar ik zeg het niet. Ik zeg alleen: 'Ja.' Ze glimlacht. 'We gaan beginnen met je arm. We doen een paar oefeningen. Je been komt vanmiddag.' Ze duwt mijn hand naar mijn schouder en trekt hem terug. Dat doet ze zo'n vijf keer. Daarna strekt ze mijn arm en duwt hem naar buiten. Tot slot duwt ze mijn arm in de hoogte. Ze doet dit niet meer dan vijf keer, maar ik heb het gevoel dat ik uren heb gesport als ze klaar is. Ze helpt me in mijn rolstoel. Nu moet ik alleen teruggaan. Ik probeer rechtdoor te gaan, maar bots tegen het bureau dat er staat. Mijn rechterarm voelt zwak, te zwak om door te rijden en langs het bureau te gaan. Ik kijk haar hulpeloos aan. Ze brengt mij terug naar mijn kamer. 'Het geeft niets,' zegt ze. Ik vraag me af of het wel een vergissing is dat ik hier ben. Ik word bang. Dan val ik op mijn bed in een diepe slaap.

Van alles

Van alles weer leren. Van alles. Weer leren. De ergothera-peute lacht en kijkt me verwachtingsvol aan. Ze heeft zich net voorgesteld. Ze heet Maaike – een naam die ik nog weet – en is een jaar of veertig. Ze zit op mijn kamer. Maar, heeft ze gezegd, dat wordt anders. Vanaf nu komt zij niet bij mij, maar ga ik naar haar. Naar een van de kamers beneden. Ik snap het niet. Welke kamers? Waar beneden? En hoezo van alles weer leren? Ik weet niet wat van alles is, en ik weet niet hoe ik dat kan leren. Het lukt me niet om het haar uit te leg-gen, of om te vragen wat ze bedoelt. Ik schud mijn hoofd. Ik zeg: 'Niet nu, nu niet. Alsjeblieft.' Ik schud mijn hoofd nog een keer. En ik zeg: 'Ik wil wel zeggen wat ik bedoel, maar ik weet niet wat ik bedoel.'

Maaike glimlacht, maar kijkt bezorgd. Ze legt haar hand op de mijne en geeft er een klopje op. 'We doen het rustig aan. Alles op z'n tijd.' Dit herhaal ik. Een keer in mezelf, een keer hardop.

Ze glimlacht weer en haar bezorgde blik is verdwenen. Ze gaat staan, recht haar rug en zegt: 'Eerst gaan we wat aan die rolstoel van jou doen. Kan je erin? Dan gaan we. Kom maar.'

Ik sla mijn benen over de rand van het bed, sta op en ga in mijn rolstoel zitten. Soepeler en sneller dan voorheen. Bijna trots laat ik me naar de gang brengen, de lift in rijden en naar de rolstoelmeneren brengen.

Twee mannen – een oude en een jonge – kijken naar de rolstoel en doen allerlei aanpassingen. Wieltjes voor erbij, een kussentje om de zitting op te hogen en een blad dat je ook kunt wegdraaien. 'Goed zo?' vragen ze bij elke handeling. Ik zeg: 'Ja, goed, dank u wel,' maar ik heb geen idee waar ik op moet letten.

Ik moet zelf proberen te rijden. Na een paar keer proberen lukt het. Een beetje. Ik ben blij, maar moe. Uitgeput. Ik zeg niets, geen 'Goed', geen 'Dank u wel', geen 'Ik kan niet meer'. Niets. Maaike ziet het en zegt: 'Het is genoeg. Je gaat naar boven. Ik breng je. Je gaat rusten.'

President

'Obama wordt president.' Mijn oudste zus kijkt me aan. Blij, opgewonden. 'Kijk,' zegt ze en ze laat een krant zien. Een foto op de voorpagina, van een man, een vrouw en hun twee kinderen. Ik weet dat zij Amerikanen zijn, er zijn overal vlaggetjes te zien. Ik weet dat ze een overwinning vieren, want de menigte juicht hen toe. En ik weet weer dat het een voorpagina van een krant is en dat dit een nieuwsfoto is. Maar waar heeft ze het over? Waarom doet ze zo druk? Ze heeft haar jas nog aan; het is dan wel koud buiten, maar hier niet. Ik wil er wat van zeggen, maar ik doe het niet. Ik ben afgeleid door de muur achter haar. Niet dat daar iets is te zien. Het is gewoon een muur.

Ze gaat zitten. Zachter zegt ze: 'Barack Obama heeft de verkiezingen gewonnen. Hij wordt president.'

Weer kijk ik haar aan. Ik begrijp het niet. 'Barack,' zeg ik vragend. 'Barack wie?' Mijn zus doet haar jas nu uit, haar sjaal af en gaat zitten. Haar blik is veranderd. De blijheid is verdwenen. Ze kijkt nu bezorgd. 'Er waren verkiezingen in Amerika. Jij volgde het, wilde er alles van weten. Barack Obama is de eerste zwarte kandidaat. En doordat hij meedeed, stemden ook Amerikanen die normaal niet naar de stembus gingen. Hij brengt voor veel mensen hoop op een betere toekomst. Jij hoopte dat hij president zou worden. Niet alleen omdat hij sympathiek oogt, niet eens omdat hij Democraat is en omdat er, als hij won, een einde zou komen aan het bewind van Bush jr., met zijn oorlogstaal, maar vooral omdat hij mensen bij de politiek weet te betrekken die er normaal gesproken buiten vallen. Dat vond jij heel interessant. En nu is bekend geworden dat hij de verkiezingen heeft gewonnen.'

Ik kijk nog steeds naar haar. En zij naar mij. Hoopvol. Maar ik begrijp niet waar ze het over heeft. Ik snap niet wie die man is. Ik snap niet wie er op hem stemden. En waarom. Ik snap niet dat er zoiets is als verkiezingen. Want wat is dat, verkiezingen? Dat laatste zeg ik tegen mijn zus. 'Ik ken verkiezingen niet.'

Mijn zus vouwt de krant op. En legt hem weg. Ze lijkt geschrokken en verbaasd. Maar ze zegt: 'Het komt wel. Rustig maar.'

's Morgens vroeg

Ik word wakker. Het is 's morgens heel vroeg. Ik moet nodig naar de wc. Heel nodig. Ik kom mijn bed uit, bovenlijf omhoog, dat gaat moeilijk door mijn enorme buik en mijn rechterarm, linkerbeen eruit, rechterbeen eruit. Dat gaat langzamer. Ik houd me vast aan de rollator en steek mijn voeten in gympen. Veters vastmaken. Staan. Ik probeer snel te lopen, achter mijn rollator aan. Ik struikel, maar blijf staan. Dan plas ik. Zomaar. Ik kijk en zie dat de plas mijn gympen raakt en dan de grond. Ik schrik. Wat is er met me aan de hand? Wat is er gebeurd?

Dit is niet wie ik was. Dit soort dingen deed ik niet. Dit klopt niet. Ik wil het zelf opdweilen, zodat de verpleegkundigen het niet kunnen zien. Maar de handdoek hangt aan het andere eind van mijn kamer, naast de kraan waar ik me zou kunnen wassen. En schone kleding ligt weer aan de andere kant. Het is het te veel en te ingewikkeld. Ik raak in de war. Ik weet niet meer waar ik naar toe wilde, en waarom. Ik sta daar maar.

Een verpleegster loopt langs. Ik roep haar, of eigenlijk vraag ik zacht om hulp, smekend bijna. Ze komt binnen en ziet wat er gebeurd is. Ze zegt: 'Het is niet erg, het kan gebeuren. We kunnen je een luier geven voor de nacht.' Ik kijk haar aan. En schudt nee. Zo heftig dat ze ervan schrikt. 'Oké,' zegt ze, 'geen luier. Voor nu.'

Beetje vloeken

Om te lunchen moet ik van de derde etage naar het souterrain. Ik moet, zo legt de verpleegster uit, met de lift. 'Eenmaal beneden ga je de lift uit, sla je de hoek om naar links, doe je dat nog een keer en ga je met de bocht mee naar rechts. Dan zie je de rij mensen die gaat lunchen vanzelf. Je kan gewoon achteraan aansluiten.'

Ik kijk de zuster aan. Ze heeft een aardig, moederlijk gezicht. Ze heeft blonde, korte haren en blauwe ogen. Zij is degene die het kennismakingsgesprek heeft gevoerd. Dat moet eergisteren of de dag daarvoor zijn geweest. Ze had me verteld over het eten, drinken, slapen, douchen en naar de wc gaan. En dat het in de komende dagen allemaal wel duidelijk zou worden.

Nu zit ze weer op mijn kamer. Ik heb gisteren op 'mijn' etage gegeten. Ik mag, moet nu beneden eten.

De verpleegster lijkt er blij om. Ze glimlacht hartelijk. 'Heb je het begrepen?' Ik kijk haar nog eens aan en denk na. 'De lift, en een rij.' Ik zeg het bijna trots. De zuster kijkt naar me. Ze schudt haar hoofd. En zegt: 'Ga maar in je rolstoel zitten. Ik ga met je mee.'

Eenmaal beneden moet ik in de rij aansluiten van alle andere kreupelen, manken en rolstoelers. Het merendeel is stil, of mompelt wat. Ik ben een van de jongsten.

De verpleegster wenkt een vrijwilligster. Die komt, zegt 'Hallo' en pakt een blad. 'Zo,' zegt ze terwijl de verpleegster vertrekt, 'laten we maar eens kijken wat we allemaal nodig hebben.' Ze pakt bestek, zout, peper, een servetje, en een glas en legt en zet alles op het blad. 'Zo,' zegt ze weer, 'dat is het wel.'

We zijn inmiddels bij een van de vrouwen die het eten opschept. Veel, heel veel aardappelpuree met heel, heel veel jus belandt op een bord. Daar komt en nog vlees – 'een biefstukje, een varkenslapje, een lapje kipfilet?' – en groenten – worteltjes en boontjes – bij. 'Zo.' Ook deze vrouw begint haar zinnen graag met 'zo'. 'Eet smakelijk.'

'Mijn' vrijwilligster wijst naar een van de lange tafels. Ik begrijp dat ik daarnaartoe moet. Met mijn linkerhand rol ik mijn stoel in de richting van de mensen die aan de tafel zitten. Het rollen lukt voor één, misschien twee meter. Dan ben ik zo uit de richting dat ik het opgeef en blijf zitten met mijn armen over elkaar. Ik weet echt niet hoe ik zo moet rijden dat ik weer gewoon rechtdoor ga.

De vrijwilligster loopt naar de tafel, zet mijn blad neer en komt naar me toe. Dit keer zegt ze niets, maar duwt me alleen maar. Ik ben blij dat ze haar mond houdt. Ze zet me aan tafel, achter mijn blad en tussen patiënten van mijn afdeling. Die knikken of mompelen 'Eet smakelijk' en kijken weer naar hun bord. Ik geloof dat ik knik. Ik kijk naar mijn eten, pak een vork, laat het mes liggen en neem een hapje. Zonder om me heen te kijken weet ik dat ik onderdeel ben van de bleke massa aan tafel. Ik hoor bij de patiënten, bij die zielige wezens die je nauwelijks meer mensen kunt noemen. Wat haat ik ze. Ik wil weg, weg van hen, weg van de serieus kijkende artsen, de opgewekte verpleegsters, de sombere vrijwilligster, de aardappelen en het onbestemde vlees. Weg van het ziek-zijn. Voor de eerste keer sinds ik ben opgenomen vloek ik. Een beetje. 'Tjemig.'

Thuis

Na een week in het revalidatiecentrum mag ik even weg. Een hele nacht mag ik thuis zijn. Ik kleed me aan, mooi. Ik heb een rood vest aan, mijn zwangerschapsvest, gekocht aan het einde van de zomer. Ik was zo trots, zo blij, zo zelfverzekerd als ik nog niet eerder was geweest. Dat ik onder het vest nu een joggingbroek en sportschoenen draag, maakt niet uit.

Ik maak me zelfs op. Een beetje, met één hand, maar het ziet er toch anders uit dan helemaal niets. En mijn haar gaat in een staart. Dat kan ik sinds kort, met één hand de pluk haar vasthouden, met de andere het elastiekje eromheen doen. Het lukt, ook dit keer. En om het te bewijzen doe ik het nog een keer. Ha, hij zit. Weer.

Ik ga even zitten, nou, liggen, een kwartiertje maar. Niet slapen, maar even rusten.

Ik voel Peter. Zijn mond op de mijne en zijn hand in mijn haar. Hij zegt: 'Wakker worden, meisje' en ik open mijn ogen. Ik denk dat we op vakantie zijn, dat we op een strand liggen, dat ons meisje er is, dat de zon schijnt. Peter zegt hoe laat het is en dat we moeten gaan. Ik schrik. Twee uur geleden deed ik mijn ogen dicht. Weg. Niet gedroomd, niets. Gewoon weg.

Hij pakt mijn tas in, doet me mijn schoenen aan, trekt me mijn jas aan, helpt me in de rolstoel te gaan zitten. Hij rijdt me de gang op. Bij de kamer van de verpleegkundigen houdt hij stil. Ik grijp in. Ik ga vragen of ze mijn medicijnen hebben. Ik ben volwassen, ik kan dit best. Maar als het te lang duurt, omdat ik niet op het woord medicijnen kan komen, neemt Peter het over. Hij praat met de twee vrouwen, maakt ze aan het lachen; hij lacht nu ook, hij krijgt de medicijnen. Ik kijk ernaar en snap de grappen niet.

Thuis lijkt op mijn huis, maar is het niet. Of: het is het wel, maar het voelt niet zo. Drie foto's van mij staan tussen de boeken. Ze zijn gemaakt voordat ik in het ziekenhuis kwam. Eentje in de zomer, eentje van opzij zodat mijn buik is te zien, eentje als ik op een terrasje zit in Griekenland. Ik had ze niet afgedrukt. Peter moet dat gedaan hebben.

Ook is het huis opgeruimd. Te netjes. Te schoon. Het is nu bijna een maand geleden dat ik hier voor het laatst was.

Ik wil naar boven. Ik moet de kinderkamer zien. Ik vraag Peter me te helpen en samen strompelen we de trap op.

In het kinderkamertje staat een oud kastje, dat mijn moeder voor mijn zussen en mij als commode heeft gebruikt. Er zat een piepschuimen kussen op met daaroverheen een oranje-wit gestreept plastic laken. Dat had ik er al af gehaald. Maar verder had ik nog niets gedaan. De donkergroene verf zat er nog op.

Nu staat er een mooi geschilderde witte commode. Er ligt een aankleedkussen op. De dochters van Peter hebben geholpen. Ik zie ze voor me staan. Ik zie hoe ze staan te verven. Ik glimlach.

Mailen

De fysiotherapeut kijkt me aan. Hij heeft me aan een tafel gezet. De ruimte is zo ingedeeld dat rechts de patiënten worden behandeld. Links is de tafel van de behandelaars, ze bellen er, werken achter hun computer of zitten er gewoon. De kamer heeft een L-vorm. In het korte deel doen de patiënten oefeningen: ze moeten een bal gooien en vangen, hinkelen of een parcours per skippybal afleggen. Er is daar ook een tafel. Er staat een computer op. 'Kijk,' zegt de fysiotherapeut hoopvol, 'daar kun je iemand iets mailen.'

Ik ga zitten. Ik kijk hem aan en snap hem niet, maar dat zeg ik niet. Ik ben te geconcentreerd bezig om te ontdekken waarom ik achter een computer zit waarop ik kan mailen. Wat was dat ook alweer? Iemand iets mailen. Wie dan? En wat? En hoe?

De fysiotherapeut geeft me een bemoedigend klopje op mijn schouder en gaat naast me zitten. Hij stelt voor dat we Peter mailen. 'Want die vindt het vast heel leuk om wat van je te lezen.' Hij opent een pagina, typt het adres van Peter over van een papiertje en wijst op het scherm. 'Doe maar. Typ maar.'

Ik kijk hem aan. Hij is aardig. Hij heeft kort grijs haar, het is een beetje opgeknipt vanachter. Van voren staat het een beetje omhoog. Uit zichzelf lijkt het. Hij heeft een heel kleine bril, tenminste: het zijn kleine glazen. Ze zijn zo groot als zijn ogen. Vriendelijke ogen. De bril heeft geen montuur. Het zijn twee ovale glazen, twee pootjes en een metalen bruggetje tussen die twee glazen.

Hij heeft een blauw met wit overhemd aan en een beige broek. Vandaag is het overhemd geruit, morgen is het misschien gestreept of effen. Zijn broek kan een spijkerbroek of een donkerblauwe gewone broek zijn. Zoiets. Niets opvallends, laat staan iets schreeuwerigs.

'Simonne?' Ik kijk hem nog eens aan. Hij heeft me iets gevraagd. Hij zei iets. Hij wijst naar het beeldscherm voor me. Een leeg mailtje wacht op mij. Shit, ik moest iets doen. Maar wat?

Hij vraagt me opnieuw iets te schrijven, iets wat ik kwijt wil. Ik denk na. Iets schrijven. Iets zeggen. Iets melden. Ik weet het niet. 'Waarover?' 'Gewoon,' zegt hij, 'over jezelf.' Ik kijk hem aan. Ik weet niet wat hij bedoelt. Hij glimlacht en zegt: 'Ik ga even bellen. Denk jij maar rustig na.'

Als hij terugkomt – ik weet niet hoelang hij weg was, het kan een paar minuten zijn of een kwartier – staat er iets geschreven. Eén woord dat schittert op het scherm. Ik wil het hem laten zien. 'Hallo,' wijs ik aan. Met links getypt, dat wel, maar ik heb het gedaan. Ik ben trots, en blij. En ik lach om hem dat te laten merken.

Maar hij lacht niet terug. Hij vraagt of dat alles is. Of ik echt niet meer aan Peter wil schrijven. Of ik hem niet wil zeggen hoe het hier is of hem wil vragen hoe het met hem gaat. Ik voel me rot als ik erachter kom dat ook de man die ik aardig vind en die betrouwbaar lijkt, mij niet begrijpt – of ik hem niet. Ik wil hem iets zeggen, iets laten merken, maar zeg alleen maar: 'Sorry.'

Hij zegt: 'Het is goed voor vandaag.' Hij klikt het scherm op de computer weg. 'Ga maar even slapen, even liggen. Straks is de lunch.'

Ik pak mijn rollator, zeg hem gedag en ga naar mijn kamer. Daar bedenk ik dat ik niets, maar dan ook niets van zojuist begrepen heb.

Wegrijden

Maartje komt langs. Ik heb me een beetje opgemaakt en mijn haar geborsteld. Ik heb een schoon t-shirt aangedaan. Ik zit op mijn kamer te wachten, tussen al die kaarten en bloemen. Ik verheug me op het bezoek. Het voelt zoals vroeger toen ik klein was en mijn verjaardag vierde. Een feestje, voor mij. De taart stond in het midden van de tafel, de kaarsjes waren nog uit, maar alles wees erop dat er straks gegeten en gefeest zou worden. De drankjes, appelsap en jus d'orange, en de bordjes stonden klaar. Er waren slingers, boven de tafel en op mijn stoel, die vandaag aan het hoofd van de tafel stond. Er lag ook een kroon op de stoel, maar ik twijfelde of ik die op moest doen. Ik wist niet of die stoer genoeg was. Ik was er nog niet uit toen de bel ging en de eerste gast verscheen.

Maartje komt binnen. Ze is koud van de winter buiten, ze draagt een wollen jas en een grote sjaal. Daaronder zit een dikke wintertrui. Ik lach om zoveel kleding en zeg dat tegen haar. Maar ik zeg ook dat het op mijn verjaardag ook zo was, dat vriendjes en vriendinnetjes altijd warme truien en jassen aanhadden. Maar wat heeft dat eigenlijk met haar te maken? Het is niet eens dezelfde maand als de maand van mijn verjaardag. Ik zie dat ze het niet snapt, maar uitleggen lukt niet. Ik begin een zin en weet dan niet meer wat ik wil zeggen, en waarom. Ik schud mijn hoofd en trek mijn schouders op. Maartje grijpt in. Ze zegt: 'Kom, we gaan naar buiten, ik moet je iets laten zien.' Haar ogen glinsteren en ze lacht. 'Het is echt mooi.'

Ik kijk haar aan en voel me blij worden. Ik kom eigenlijk nooit buiten. Gewoon even voelen hoe het buiten is, doe ik niet. Ik ga 's middags met de lift naar beneden om te lunchen, maar daarna ga ik zo snel ik kan weer naar boven. 's Avonds doe ik hetzelfde met de boterhammaaltijd. Het is net of buiten niet bestaat. Wel vanachter het raam, je ziet dat het winter is als je naar buiten kijkt: de kale bomen en 's morgens vroeg de vorst op de grond en op de struiken. Het is lang donker en de avond valt vroeg. Maar je voelt het niet. Je bent binnen en daar blijf je. Ik lach en ik knik. 'Ja, naar buiten.' Ik wijs naar mijn jas en pak Maartjes arm. We gaan met de rollator naar beneden. De rolstoel probeer ik zo min mogelijk te gebruiken. Vóór de schuifdeur naar buiten laat ik de rollator staan. Ik loop aan de arm van Maartje de oprit af.

Wat een tocht, denk ik, maar ik zie niets aan Maartje. Geen gehijg, geen vermoeidheid, geen zweet op haar voorhoofd. Maartje loopt naar een auto, drukt op een knopje dat ze bij zich heeft en opent de deur. Ze zegt: 'Tataa. Ga zitten.' In de zwarte auto voel ik me als een belangrijk iemand met een belangrijke baan. Of zoiets. Maartje doet de stoelverwarming aan, zet een muziekje op en wijst allemaal lichtjes en lampjes aan. Ze vertelt er van alles bij. Maar ik denk alleen: wegrijden naar vroeger, kan dat ook?

Onrustig

In mijn kamer hang ik drie kaarten op, als een klein meisje. Ik tel alle kaarten die er al hangen, het zijn er 72 in totaal. Ik geniet van post. Het openmaken, zien wie er wat geschreven heeft en de kaart zelf natuurlijk. En er een plaatsje voor vinden. Ik zou me moeten omkleden, maar de kaarten lagen er toen ik op mijn kamer kwam. Ik kwam van beneden, van het zwemmen. Ik had mijn rollator aan de kant gezet en was het water in gegaan.

Of althans: ik probeerde dat door aan de zijkant van het zwembad te gaan zitten en me erin te laten glijden. Maar dat was niet de bedoeling. Twee mensen, een jonge vrouw en een jonge man, hadden me ervan weerhouden. Hij had geroepen, vrij hard en dwingend, zij was naar me toe gekomen en had me gewezen op de trap twee meter verder. Een trap die langzaam het water in gleed. Een trap voor gehandicapten. Voor mensen zoals ik. En ik mocht er pas af als de jonge vrouw in badpak zou zeggen dat we er klaar voor waren.

Ik ergerde me, maar had gedaan wat ze zeiden. Toen ik eenmaal in het water was, was het me tegengevallen. Ik moest zwemmen met een rubberen staaf tegen mijn borstkas. Het was de enige manier waarop ik kon blijven drijven. Het was vermoeiend en mijn rechterkant deed het niet goed. Het was alsof ik het hier in het zwembad meer voelde dan elders, alsof hier duidelijk werd dat ik niet goed kon functioneren. Toen ik eruit klom – ook dat moest via de speciale trap – kon ik mijn rollator niet meteen vinden. Ik stond daar, druipend, me verbazend over de grootte van mijn buik en me afvragend hoe ik hier wegkwam. Ik durfde niet te gaan lopen zonder rollator. Niet voor mijn kindje, niet voor mezelf. De jonge man was de rollator komen brengen, hij had op mijn schouder geklopt en gezegd dat het 'heel goed' was dat ik het probeerde. Ik had naar het water gekeken en gedacht aan springen, koprollen, op je handen staan en onder water zwemmen. 'Nee,' zei ik. 'Niet goed.' Ik voelde me somber, hopeloos en niet in staat hulp te vragen. Ik wilde alleen maar weg, verdwijnen, oplossen in het niets.

Nu ben ik op mijn kamer. Ik sta nog steeds met de kaarten in mijn hand. Ik weet dat ik me moet haasten, me moet omkleden, naar de dokter moet gaan. Maar ik sta hier en lees de teksten nog een keer. Er staat wat op alle kaarten staat, in dezelfde of andere woorden. 'Sterkte.' En: 'We denken aan je en aan je kindje.' De derde wenst me veel kracht toe. 'En dat je herstel voorspoedig mag gaan.'

Ik weet niet wat ik ervan moet denken. Ik ben blij dat ik post krijg. Ik ben blij dat ik nu weet dat ik die moet lezen en dat ik weer kan lezen. Eigenlijk was het zomaar gegaan. Eerst een beetje en toen meer.

Ik ben opgelucht dat de teksten van de kaartschrijvers hoopvoller worden. Maar ik snap niet helemaal dat het nodig is dat ze me schrijven. Ja, ik ben ziek, zoveel is me duidelijk. Ik ben in dit vreselijke centrum, met andere patiënten die er zo mogelijk nog vreselijker aan toe zijn. Maar dit is tijdelijk. Ik moet hier even zijn tot ik weer kan zeggen wat ik wil, weer met twee handen kan eten, me dingen weer herinner, weer kan schrijven en weer kan rennen, zwemmen en dansen.

Maar dan worden de dingen weer normaal, is het alsof dit niet gebeurd is. Is het als een droom, een lange en boze droom, maar een droom. Dan houd ik mijn meisje in mijn armen en komt alles goed.

'Simonne. Si-mon-ne.' De verpleegster trekt aan mijn arm. Ze pakt de kaarten uit mijn hand. Draait de rollator naar de deur en zegt dat ik moet opschieten omdat ik naar de dokter moet. Ik kijk naar mezelf en wijs op mijn badjas en de handdoek om mijn nek. Ze schudt haar hoofd. 'Je kunt je nu niet omkleden. Je bent al te laat.' Ze heeft het niet onvriendelijk gezegd, maar wel gehaast. Dus ga ik, op mijn gympen en in een badjas, achter de rollator, naar de arts.

Als ik voor haar deur sta, blijkt dat haasten niet nodig was. De dokter heeft nog iemand in haar spreekkamer. Wanneer ik aan de beurt ben, valt het mij op dat deze vrouw iets doet wat vrijwel alle dokters doen. Ze biedt me een stoel aan en als het te lang duurt voor ik ga zitten, kijkt ze op haar horloge. Alsof kijken naar de tijd hem stil doet staan. Als ik eenmaal zit, gaat zij ook zitten. Toen ik hier aankwam, ben ik ook bij haar geweest. Dat weet ik nog, maar waar we het over gehad hebben is vaag. Nu vraagt ze me dingen die kennelijk toen ook aan de orde zijn gekomen. Over de rolstoel, die ik alleen nog gebruik om te gaan eten, of ik vorderingen maak met mijn rechterbeen en -arm, het ziekenhuisbezoek – morgen moet ik terug voor een afspraak met de neuroloog en de gynaecoloog – en de baby.

Mijn baby. Ik ontspan. Zoals altijd als ik aan haar denk, haar voel of alleen maar haar naam denk. De arts zegt dat ze me iets gevraagd heeft en kijkt me vragend aan. Ze is vrij jong, nog geen veertig jaar, ze heeft krullend, bruin haar, bruine ogen en een aardige lach. Maar een onrustige manier van doen. Zelfs als ze zit, beweegt ze nog. Met haar voeten, haar handen en haar schouders. Dodelijk vermoeiend, lijkt mij.

Ik wil haar vragen hoe het met haar gaat, of ze het niet iets rustiger aan moet doen, of ze de middag niet vrij kan nemen, maar ik doe het niet omdat ik de woorden niet zo snel kan vinden. Ze stelt haar vraag nog een keer. 'Ja, ik voel haar.' Ik lach. Ik denk aan mijn meisje, aan gezond zijn, en niet hier zijn. Overal en nergens, maar niet hier.

Steunkousen

Ik mag naar huis. Twee nachten. Naar huis. Ik zeg het twee keer tegen de verpleegster. Ze glimlacht. In gedachten zeg ik het nog een paar keer. Peter komt me halen en terwijl hij tijd neemt om mijn tas na te kijken, mijn medicijnen mee te nemen en gedag te zeggen, wil ik weg. Gewoon gaan. Weg van de verpleging, de patiënten en vooral weg van hier. Thuis zijn, thuis eten, thuis slapen.

Eenmaal in de auto vraag ik waar de oude is. We hadden een andere. Hij was rood, klein en oud. Deze is groen en groter en nieuwer. Peter zegt dat de rolstoel en de rollator hier beter in passen. Ik begrijp hem niet. Die hulpmiddelen zijn toch maar voor even? En zo nodig zijn ze toch niet? Nu gebruik ik de rolstoel al bijna niet meer. Alleen de rollator. Een paar weken misschien nog, maar daarna zal ik gewoon weer lopen zonder hulp. Ik wil dit tegen Peter zeggen en hem ervan overtuigen dat ik gelijk heb, maar ik doe het niet. Ik blijf stil en ik weet niet waarom. Ik voel me verdrietig, maar ik zeg niets. Pas als Peter zegt dat we deze auto ook beter kunnen gebruiken als ons kind er is, ontspan ik. 'Ja, ons kind,' zeg ik en ik glimlach. 'Ons meisje.'

Voor de deur van ons huis parkeert Peter. Hij wil de rolstoel uit de auto halen, maar ik houd hem vast en schud nee. De rollator, oké, maar niet dat ding waardoor hij denkt dat ik nooit meer zal lopen. We gaan naar binnen, ik strompel achter mijn rollator aan en ga zitten, of val eigenlijk, op de bank. Peter kijkt naar me. Ik zeg tegen hem dat hij ook moet gaan zitten, dat dat gezellig is. Hij lacht naar me, maar het is een vreemde lach. Een beetje gegrinnik. Hij komt bij me zitten en ik houd hem vast, met één arm. Hij ontspant. Een beetje. Ik zeg: 'Weet je, het komt goed. Echt waar.' Peter huilt. Maar niet lang. 'Kijk jij maar tv. Ik ga koken.'

De volgende morgen ga ik douchen. Nou ja, ik word gedoucht. Peter heeft een klapstoel neergezet en doet, als ik erop zit, de douche aan. Ik zet de douche warmer. Ik doe mijn hoofd naar achter, mijn ogen dicht, en voel de stralen over mijn gezicht lopen. Even is het weer alsof er niets gebeurd is, alsof ik niet naar een ziekenhuis moest, niet nu in een revalidatiecentrum moet verblijven, en niet halflam ben. Pas als mijn linkerkant gewassen moet worden, weet ik dat ik ziek ben. Heel ziek. Peter moet het doen. Hij doet het zorgvuldig en zacht, maar ik voel me alleen, verdrietig en hulpeloos. Als Peter me heeft geholpen met aankleden, wil ik slapen. Weg, verdwijnen, in het niets oplossen. Maar dat kan niet. Mag niet. Ik moet eerst eten. Na het ontbijt ga ik slapen. Tot de middag ben ik weg.

Als ik wakker word, bedenk ik dat ik ga praten. Ik moet praten, dat is hoe ik mezelf ken, dat is hoe Peter me kent, dat is wie ik ben. Peter zit naast me en geeft me een kopje thee. Ik bedank hem, ik zeg dat het lekker is en ik vraag hem hoe zijn werk is. Drie dingen, dat gaat goed, vind ik. Peter zegt niets, hij glimlacht alleen een beetje. Ik vraag hem nog een keer hoe het gaat op zijn werk. 'Is het werk leuk?' vraag ik. Hij kijkt me verbaasd aan. Ik moedig hem aan – dat is althans mijn bedoeling – door mijn schouders op te trekken.

'Het gaat wel,' antwoordt hij. Hij zucht. Maar dan recht hij zijn rug en zegt: 'Het gaat goed.' Ik begrijp niet waarom hij zo twijfelend en afstandelijk is. Of het verband heeft met zijn baan, of met mij, dat weet ik niet. Ik weet eigenlijk helemaal niet waar hij mee bezig is. Ik vraag me af hoelang ik dat al niet meer weet. Twee weken ben ik in het revalidatiecentrum, dat weet ik omdat het de tweede keer is dat ik thuis ben en ik ben in elk geval meer dan twee weken in het ziekenhuis geweest, dat hebben ze me verteld. Dat is in totaal een maand waarin het leven, Peters leven, verderging zonder mij. Ging het ook door? Werd ik gemist? Waren er anderen?

Ik wil tegen Peter zeggen dat ik er voor hem zal zijn, dat hij bij mij kan uithuilen als dat nodig is. En dat ik snel weer de oude ben, dat ook. Maar ik zeg alleen: 'Anderen?' Peter is verbaasd. 'Nee, nee. Meisje, nee. Je snapt niet dat ik alleen maar met jou bezig ben. En met haar.' Hij kijkt triest. En hij aait over mijn buik.

We liggen op bed. Ik streel zijn gezicht. Ik kijk naar hem. Hij heeft zijn ogen dicht en om zijn mond verschijnt een voorzichtige glimlach. Zijn handen hebben mij ook aangeraakt. Langzaam verdwijnt het verdriet. Niet helemaal, maar een beetje. Ik druk me tegen hem aan, houd hem met één arm vast alsof hij nooit meer weg mag. Peter legt zijn vinger op zijn mond alsof hij wil zeggen: niet denken, geen vragen stellen, gewoon zijn. Hij legt het dekbed over me heen. Voorzichtig, lief. Dichtbij. Even is het mooi. Het lijkt alsof er niets gebeurd is. Alsof ik straks niet naar het revalidatiecentrum terug hoef.

'Je buik heeft plek nodig,' zegt hij als hij mij de ruimte geeft. Hij lacht. 'Zij heeft plek nodig.' Hij kriebelt om te kijken of er iets beweegt, hij legt zijn hoofd op mijn buik om haar te horen. Ik leg allebei mijn handen op zijn hoofd. En dan zie ik over mijn buik heen mijn onderbenen. Twee benen gehuld in huidkleurige steunkousen. Van boven mijn tenen tot net over mijn knieën. Heb ik die aangehouden? Ik vraag Peter waarom hij er niets van heeft gezegd. Hij schudt zijn hoofd als hij zegt dat hij niet wist of dat mocht. 'Ze zijn tegen de trombose. Die willen ze voorkomen. Altijd, denk ik.' Hij doet lacherig, maar het is een ongemakkelijke vrolijkheid. Ik schaam me. Diep.

De avond erna in het revalidatiecentrum komt het terug. Als ik in bed lig, huil ik. Hard en lang. Omdat ik niet thuis ben, omdat ik niet kan rennen, omdat ik rechts weinig kan, om mijn dochter en omdat ik niet weet of ik haar luiers kan verschonen, haar in bad kan doen, haar kan voeden en haar met twee handen kan vasthouden. En om de steunkousen. Dat vooral.

Neptamboerijn

Iedereen heeft iets anders hier, maar kreupel zijn we allemaal. In het revalidatiecentrum liggen ze in hun bed, zitten ze in hun rolstoel of schuifelen ze achter hun rollator. Maar ook wie geen hulpstuk heeft, ziet er ziek uit. Zo is er de oude man, zonder stok of een ander loophulpmiddel, maar steeds in pyjama en zacht mompelend. Soms kijkt hij mijn richting op. Hij is een jaar of zeventig en heeft een vriendelijk gezicht. Maar het lijkt alsof hij door je heen kijkt. Hij staart, en dan, na een tijdje, zegt hij iets in zichzelf. Hij heeft een herseninfarct gehad. Dat heeft de ergotherapeute me verteld. Ik had het niet gezien. Het leek eerder alsof hij in de war was.

Ook is er de vrouw van een jaar of vijftig, die ongeveer alles heeft gehad wat je niet wilt hebben. Ze was, had ze me verteld, ooit een zwemster met talent. Maar dat was voordat ze MS, borstkanker en toen deze hersenbloeding kreeg. Ze blijft, en ik weet niet hoe ze het doet, zo actief als ze kan. In haar scootmobiel rijdt ze elke morgen naar het zwembad. Ik was een keer meegegaan. Maar het had mij te somber gemaakt om daar een van al die gehandicapten te zijn.

Of de man in een rolstoel. Zijn gestrekte benen zitten in het gips. Hij is een jaar of vijfenveertig, en het type dat altijd vrolijk is. Ik weet niet wat hij heeft; ik heb het hem niet gevraagd en al lijkt hij mij best aardig, praten of vragen stellen doe ik niet. Als iemand iets tegen me zegt, schud ik mijn hoofd en kijk ik de andere kant op. Ik weet niet waarom ik dat doe, het zorgt er in elk geval voor dat ik hier geen echt contact heb en dat is wat ik wil. Zijn vrouw probeert het ook een keer. Ze komt me op de gang tegen en vraagt me hoe het met me gaat. Ik glimlach een beetje, maar wijs naar mijn kamer. Alsof ik wil zeggen: ik hoor daar en niet bij jullie. Praat maar niet tegen me, het heeft geen zin.

Ik moet aan de man denken in de kamer naast me. Hij is een jaar of dertig, heeft twee jonge kinderen en is van Marokkaanse afkomst. Hij heeft, net als ik, een hersenbloeding gehad. Dat weet ik omdat zijn vrouw dat tegen me heeft gezegd, want hij kan niet praten. Hij kwam een paar dagen na de bloeding weer bij bewustzijn en zei niets meer. Hij maakte geluid, maar niets wat op tekst leek. Niet op Nederlands, niet op Engels of Frans. En niet op Berbers. Zijn vader was toen overgekomen uit Marokko en had gehoopt dat zijn zoon wel kon spreken in zijn moedertaal. Maar ook toen was er niets uit hem gekomen. Nu, na twee maanden in het revalidatiecentrum, kan hij ja en nee zeggen. Tenminste, hij kan kreten slaan waaruit andere mensen denken te kunnen opmaken dat hij ja en nee bedoelt. Eenvoudige dingen zoals vragen over eten, slapen of douchen beantwoordt hij meestal goed. Als het ingewikkelder is, gaat het meestal fout, maar dat kan ook aan de vragensteller liggen. Als je hem vraagt hoe zijn dag is, of de fysiotherapie bevalt en of hij boontjes of worteltjes wil, krijg je meestal geen of een verwarrend antwoord. Ik vraag me af of hij niet gek wordt van al die goedbedoelde stomme vragen of dat hij ze nauwelijks opmerkt. Van zijn gezicht kun je het niet aflezen, want het lijkt te zijn vastgezet in een halve grijns.

Deze week zat ik met Peter te scrabbelen. Ik won niet en het ging langzaam, maar ik was trots weer zoiets als scrabble te spelen. De vrouw van de 'ik-kan-niets-zeggen-meneer' kwam langs mijn kamer. Ze stopte, lachte vriendelijk en bood ons een Marokkaans hapje aan. We namen het aan en ik lachte terug. Peter was verbaasd dat ik spontaan en vriendelijk tegen iemand deed. Maar ik begroette haar altijd en ik vond het niet erg als ze tegen me praatte. Ze zei nooit veel, maar vertelde of het koud was buiten of het druk op de weg hiernaartoe was geweest of welke hapjes ze bij zich had. Hun kinderen spelen vaak op de gang, hun dochtertje van een jaar of twee had een keer gewezen naar mijn buik en 'baby, baby' geroepen. Toen ik had geknikt, was het meisje naar me toe komen lopen en had over mijn buik geaaid. De vrouw had geglimlacht. Ze was vriendelijk, maar hield afstand. En dat was prettig.

Hield iedereen maar afstand. De vrouw die ik niet wil zien, spreekt me aan. Het is een half Indische vrouw, donkere ogen, een jaar of vijfenveertig. Ze probeert drie, vier keer op een dag contact te leggen. Ze vindt het namelijk zielig wat er met me is gebeurd. Dat heeft ze tegen mij gezegd, maar ook tegen andere patiënten. Ik zat een tafel verder, aan de lunch en kon alles horen. Ik geloof niet dat het haar iets kon schelen. Ze probeerde het in ieder geval niet te voorkomen. En ik had de houding die ik hier vaker heb: 'Ik doe alsof ik hier niet ben.'

De vrouw zit in een rolstoel. Allebei haar benen zitten in het gips. Ze had gezegd dat ze het 'zo vreselijk, zo verdrietig' vond hoe het met me ging. Ze had gezucht en ik was opgestaan. Ik was gestruikeld over mijn rollator en kon maar net blijven staan. Ik was boos. Ik wilde weglopen, zonder gehinderd te worden door rollators of manke benen. Zij had gezegd: 'Och meis, het gaat niet goed hè?'

Nu vraagt ze weer hoe het met me gaat. Ik kijk haar aan en

schud nee. Ik weet niet wat ik wil zeggen en of ik wel iets wil zeggen. Ik wil vooral geen vragen, geen antwoorden en zeker geen geklets. 'Wat bedoel je? Gaat het niet?' Ze is niet het type dat snel opgeeft.

Bij de fysiotherapie had ik gehoord wat er met de gipsen vrouw was gebeurd. Want ze had het wel drie keer verteld aan wie het maar wilde horen. De vrouw zat alleen in de auto. Haar kinderen had ze op school afgezet. Ze had haast, maar ik weet niet meer waarom. Dat vergeet ik elke keer en het interesseert me ook niet. Op de snelweg tussen Zoetermeer en Den Haag is ze over de kop geslagen. Drie keer. Ik weet niet eens of daar een andere auto bij betrokken was, al zal ze het wel verteld hebben.

Ze heeft een maand in het ziekenhuis in Den Haag gelegen. Nu is ze twee maanden hier. Voor drie maanden ziekenhuis en revalidatiecentrum ziet ze er best goed uit. 'Ik weet hoe het is om het moeilijk te hebben. Ik heb een probleem met beide benen. Ik moet steeds naar het ziekenhuis en het rechterbeen gaan ze binnenkort opereren. Dat wordt al de tweede keer. Daarna gaan ze kijken wat er nog met het linkerbeen kan. Maar ik blijf vrolijk. Ik wil maar zeggen: Jij zou ook een beetje moeten lachen af en toe.'

Ze kijkt me aan. Ik wil weg, naar mijn kamer, maar haar rolstoel staat in de weg. Ze lacht, maar er is niets te lachen. Het heeft iets onechts. Waarom ik me zo aan haar stoor, weet ik niet. Ik wil gewoon niet dat ze in mijn buurt komt, ik wil niet dat ze met me mee kan leven en ik wil al helemaal niets met haar delen. Ik heb het idee dat ze iets wil afpakken als ze te dichtbij komt. Ik weet niet wat, maar het is belangrijk en ik wil ervoor waken. Het heeft met mijn dochtertje te maken en met mij.

'Ik ben moe,' zeg ik uiteindelijk en ik probeer langs haar te lopen. Het lukt niet. De vrouw wil weer wat zeggen. Een verpleegster die toevallig voorbijkomt, helpt me weg te lopen naar mijn kamer. Het heeft misschien drie minuten geduurd, maar ik ben bekaf.

's Avonds komt Peter langs. Ik vertel hem over de vrouw. 'Ze wil steeds van alles weten. Ze is niet echt. En niet aardig en gewoon heel stom. Echt een neptamboerijn.'

Het klinkt stoer, en zeker. Als ik zijn verbaasde blik zie, zeg ik het nog een keer. Peter kijkt naar mijn boze gezicht. Dan lacht hij. Eerst zacht, dan hard. Helemaal begrijpen doe ik het niet, maar ik lach mee. Ik ben blij dat hij mij tenminste een beetje snapt. En dat hij plezier heeft. 'Wat een prachtig nieuw scheldwoord. Het kan zo in het woordenboek,' lacht hij. 'Neptamboerijn.'

De N

Ik heb bedacht dat ik ga schrijven. Tenminste, ik ga woorden opschrijven om het opnieuw te leren. Een mevrouw die in de kamer hiernaast zit, doet het ook. En ze doet het best goed. Ze liet het mij vanmorgen zien; bij het ontbijt had ze haar notitieblokje meegenomen en liet me woorden en zelfs zinnen zien. Ik kan dat ook, dacht ik. En nu is het zover. Ik pak de tijdschriften die ik van een vriendin heb gekregen en leg ze neer op bed.

Ik kies voor de *Flair*, en zoek op de eerste pagina drie woorden uit. 'Niets', 'recht' en 'week'. De bedoeling is dat ik die overschrijf. Mijn arm is goed genoeg om een rollator vast te houden of om te douchen zonder ondersteuning of om me aan te kleden. Langzaam kreeg ik weer gevoel in mijn rechterarm en -hand en langzaam kon ik ze bewegen. Waarom zou ik dit niet kunnen?

Ik zit op mijn bed. Ik pak de pen met mijn linkerhand en stop hem in de rechter. Ik pak het kleine opschrijfboekje. Ik kijk naar de pen en weer naar de woorden. Ik begin. Ik zet de pen neer op het lege blad. En begin met de N.

Ik schrik van de tijd die het kost om de letter op papier te krijgen. Ik wil de N schrijven, maar het is alsof mijn hand niet de N-vorm wil maken of niet weet wat die is. Na zo'n tien minuten staat er iets op papier wat erop moet lijken. Een streepje rechtop en een schuin streepje en nog een recht streepje. Samen een N. Maar deze letter neemt een groot gedeelte van het kleine papier in beslag. En het is gekriebel, alsof het door iemand is geschreven die heel erg trilt. De rest van het woord komt er niet, zo moe ben ik van het schrijven van de N.

Ik bedenk dat het raar is dat juist ik weleens de kritiek kreeg zoveel te schrijven tijdens een interview. Blocnotes vol. Maar als ik nu die ene letter zie, krijg ik het benauwd van de I, E, T en S die ik ook nog wil doen. Bijna een uur voor een woord, denk ik, een kort woord. Ik kijk nog eens naar de N. Ik ben er toch best trots op. Dan val ik in slaap.

Ik word pas twee uur later wakker als mijn vriendin Marlies bij mijn bed staat. Ze zegt zachtjes dat zij ook wel een andere keer kan terugkomen, als ik dat liever wil. Zij was ook in het ziekenhuis geweest en toen had ze mij de *Viva* en de *Flair* gegeven. Ze was geschrokken toen ze had gezien dat ik niet kon lezen, maar ik was haar dankbaar geweest dat ze iets had meegenomen wat zo hoopvol was. Want eens zou ik die bladen weer lezen. Nu staat ze naast mijn bed en ik richt me op. Ik vraag of ze wil gaan zitten, of ze haar jas wil uitdoen, want ik heb haar iets te vertellen.

Ik pak de *Flair*, haar *Flair* en mijn blocnote. Ik lach. Ik wijs op de eerste pagina van het tijdschrift. En ik wijs op mijn opschrijfboekje. Ziet ze het? Heeft ze het door? Ik wijs op het woord 'Niets' en dan wijs ik naar mijn N. 'Goed hè?' Marlies zegt: 'Heel knap,' maar ze kijkt bezorgd.

Angst

Ik ga naar de dokter. Ik ben bang. Ik sta in haar deuropening. Ik probeer haar uit te leggen wat er is. Het lukt me niet. Ik haal woorden door elkaar en zeg woorden niet die ik wel zou moeten zeggen. 'Ik voel. Ik denk. Ik was aan het lunchen, en toen. Nee. Sinds vandaag. Nee. Mijn kind.' Pas als ik op mijn buik wijs, begrijpt ze het. 'Ben je bang dat er iets met je kind is?' vraagt ze. Dankbaar knik ik ja. Er is een patiënt bij haar. Ze zegt: 'Ga maar naar je kamer. Ik kom zo bij je.'

Ik ga de gang op, naar mijn kamer. Het is maar zo'n zeven meter lopen van haar kamer. Maar het voelt alsof ik ver verwijderd raak van een geruststellend antwoord. Terwijl ik loop houd ik met mijn linkerhand mijn buik vast. Ik ben dik, heel dik. Mijn buik is groot, heel groot. Ik waggel een beetje. En ik strompel. Soms weet ik niet wat door de zwangerschap komt en wat door de hersenbloeding. Of eigenlijk wil ik dat het door de zwangerschap komt en dat die hersenbloeding nooit is gebeurd.

Vanmorgen werd ik gewekt om halfnegen. Ik voelde het kindje niet, maar ik maakte mij nog geen zorgen. Het meisje ligt zo dat je haar niet makkelijk voelt en soms slaapt ze of houdt ze zich rustig. Ik ging ontbijten, naar de fysiotherapie, naar de logopediste en naar de ergotherapeut. Nog steeds voelde ik het meisje niet. Ik was dat niet gewend. Ze zou nu toch een keer moeten schoppen of stompen. Ik sprak mezelf moed in. Weer zei ik tegen mezelf dat ze kon slapen of dat ik haar niet voelde door hoe ze lag.

Bij de lunch voelde ik haar nog steeds niet. Ik at nauwelijks. Ik werd bezorgd en zo onrustig als ik, sinds ik de hersenbloeding had gehad, nog niet geweest was.

Opeens besefte ik dat ik niets zou zijn zonder haar. Dat ik het alleen volhield in het revalidatiecentrum vanwege mijn kindje. Dat zij de enige reden was dat ik zo mijn best deed, omdat ik voor haar zo goed mogelijk wilde zijn als zij geboren werd. Dat ik niet alleen was, dat zij altijd bij me was. Zij moest in orde zijn. Zij moest gezond zijn. Zij moest leven. Dit laatste herhaalde ik aan één stuk door toen ik buiten adem bovenkwam. Ik had naar de lift geprobeerd te rennen. Het was niet gelukt, maar ik had sneller gelopen dan normaal.

Ik had aangeklopt. En de tweede keer had ik op de deur gebonsd. De dokter had de deur geopend en ik was begonnen met praten.

De dokter komt mijn kamer binnen. Ze zegt me op mijn bed te gaan liggen. Ze voelt aan mijn buik. Ze zegt niets. Dan pakt ze haar stethoscoop. Ze luistert terwijl ze kijkt naar de metalen knop op mijn buik. Ze lacht. Het is goed. Ik hoor gewoon een hartslag. Het kindje is vast een beetje gedraaid. Dan voel je haar niet zo goed.'

Ik hoor de woorden. Ik herhaal 'het is goed' een paar keer. Ik denk aan een opmerking die ik in een van de bladen van Marlies zag. 'Stress is slecht voor het kindje.' Langzaam kom ik tot rust.

'Leuk'

Ik ben terug in het ziekenhuis. Peter loopt naast me met zijn hand om mijn bovenarm. Mijn rollator duw ik vooruit. We zijn hier omdat ik artsen en artsen in opleiding moet toespreken over mijn ziekte. Of tenminste, ik moet er zijn en eventuele vragen beantwoorden. Wat ze maar willen, had ik tegen mijn semiarts gezegd. Hij had gelachen. Vriendelijk had hij gezegd dat de artsen veel over de gevolgen van mijn hersenbloeding zouden willen weten, maar geen vragen zouden stellen over mijn privéleven. Ik had mijn schouders opgehaald. Ze mogen alles weten, had ik hem nogmaals gezegd.

Eerder, toen ik nog in het ziekenhuis lag, had hij verschillende vragen aan me gesteld. Hij vroeg bijvoorbeeld: 'Hoe lang lig je hier', 'hoe lang ben je zwanger' en 'hoeveel slaap je'. En hij wilde dingen weten over mijn rechterarm en -been. Hij vroeg bijvoorbeeld: 'Kun je je arm optillen?' En: 'Kun je je been van links naar rechts bewegen?'

Hij had, zo had hij me uitgelegd, mijn antwoorden nodig voor zijn eindopdracht. Hij had me vriendelijk toegelachen toen ik had gezegd dat het leuk was wat hij deed. Ik was boos geworden. In mezelf en op mezelf. Ik wilde niet zeggen dat het leuk was. Ik wilde zeggen dat het interessant was, ik wilde hem vragen wat voor soort ziektes hij te zien kreeg en vooral wat hij eraan kon doen. Maar er kwam niet meer uit dan 'leuk'.

De arts komt naar me toe. Hij zegt blij verrast te zijn. Het gaat zoveel beter met me dan een paar weken geleden. Ik lach. Ik ben blij hem te zien, blij dat hij verbetering ziet.

Nadat hij zijn presentatie heeft gegeven, mogen we naar binnen. In het grote lokaal zitten zo'n twintig toehoorders in witte jassen. Oud en jong. We nemen plaats op de twee stoelen die voor ons zijn neergezet. Links zitten de artsen, rechts de examinatoren. Wij zitten aan het hoofd. Na een paar vragen over het revalideren stelt iemand de vraag of er vaker hersenproblemen of -ziektes in de familie voorkomen. 'Nee,' zeg ik. Ik denk na. 'Tenminste, niets waar ze zelf niets aan kunnen doen.'

De zaal barst in lachen uit. En Peter lacht mee. Uitbundig. Zo heb ik hem niet meer zien lachen sinds we in Griekenland waren, een week voordat ik in het ziekenhuis belandde. Peter genoot die weken en lachte veel, heel veel. Zoals hij nu lacht, lijkt hij weer op hoe hij toen was. Hij is opgelucht. Een beetje.

Kinderkamer

Ergotherapeute Maaike staat in het kinderkamertje op de eerste etage van ons huis. Ze kijkt om zich heen en glimlacht als ze de verzameling knuffelbeesten ziet. We zijn hier om te kijken of ik hier weer kan wonen en om mij te leren hoe ik mijn baby moet vasthouden, verschonen, in bed leggen en misschien, heel misschien hoe ik met het kindje naar beneden kan.

In de auto op weg hiernaartoe had ze me gevraagd hoe ik het vond om met haar naar mijn huis te gaan. Ik had gezegd: 'Fijn en niet fijn.' Ik was op haar gesteld, ik vertrouwde haar, en ze ging met me om als mijn gelijke. Ze had van haar zesjarige tweelingdochter en -zoon twee poppen geleend. Luiers had ze gekocht. Ze had me voorgedaan hoe je een pop kon verschonen met anderhalve hand. Want zo goed kon ik mijn rechterhand inmiddels gebruiken: wel de grove bewegingen, maar niet de kleinere, meer gecoördineerde handelingen. Ik had met haar samen de poppen aan- en uitgekleed. Peter had de twee pyjamaatjes die we al in de zomer hadden gekocht meegenomen naar het revalidatiecentrum.

En ik had de kleertjes die ik van mijn vriendin Simone had gekregen ook gebruikt. Een t-shirt met een ster erop met de titel 'I'm a star' en een wit truitje met capuchon. Ik had ze gekregen toen ze hierlangs was geweest. Zij had een dochtertje van bijna een jaar. Het deed me goed daarover te praten. Het was alsof ik alleen maar zwanger was als ik met haar sprak. Alsof ik niet in het revalidatiecentrum was, alsof ik niet ziek was. Daarom moest juist met deze minishirts geoefend worden.

Maaike had geholpen, de eerste, tweede en derde keer. De vierde keer lukte het me alleen. Al ging het niet handig, niet snel en was het resultaat zeker niet mooi, ik was zo blij geweest. Ik zat met de pop – aangekleed en wel – trots op mijn bed in het revalidatiecentrum.

Maar dat ik Maaike nodig had, irriteerde mij en maakte me verdrietig. Het voelde alsof er iemand mee moest om te kijken of ik wel voor mijn baby kon zorgen en haar niet letterlijk uit mijn handen zou laten vallen. Alsof ik moest bewijzen dat het goed zou gaan met mij en de baby niet zou lijden onder wat ik had meegemaakt. Maar ik wilde mijn kindje krijgen en voor haar zorgen. Gewoon zoals alle andere vrouwen dat deden. Zonder het ziekenhuis, het revalidatiecentrum, zonder half verlamde rechterkant. Zonder al dit gedoe.

Nu staan we boven. Ik sta bij te komen van de trap. Hij heeft meer treden dan die in het revalidatiecentrum. En hij heeft een draai. Ik moest me vasthouden met mijn rechterhand, maar af en toe moest ik mijn linkerhand erbij gebruiken om mijn evenwicht te houden. Het wordt moeilijk – zo niet onmogelijk – om de trap op of af te gaan met het kind.

Maaike, die achter mij aan is gelopen, moet mijn wanhoop zien, maar zegt niets. Ze kijkt rond in het kleine kamertje, ze ziet het bedje, de commode, de stoel. Ik wrijf over mijn buik. Het is mooi. Echt waar.

Ze staat bij de commode. 'En dit?' vraagt Maaike met een glimlach. Ze wijst op een sticker van ongeveer een meter breed en een halve meter hoog. Het is een boom, met elfjes en vlindertjes erin. Hij is donkerrood en hij is opgeplakt boven het bedje. Ik kijk naar de sticker. Meer dan twee maanden geleden waren Peter en ik met de kamer bezig. Gordijnen, een kast, het wiegje en deze sticker. Ik had hem via internet besteld, maar nog niet gezien. Ik was zelfs vergeten dat ik een sticker had gekocht en ik vraag me nu af hoe ik dat heb gedaan. En ik vraag me af wie deze sticker heeft opgeplakt en wanneer.

Ik kijk ernaar en veeg erover met mijn vinger. 'Simonne? Hé, Simonne?' Maaike pakt mijn arm vast en schudt er een beetje aan. 'Gaat het?' Ik voel dat ik heb gehuild. Ik veeg het af en verbaas me erover dat ik het niet wist. Ik wil het zeggen aan Maaike, haar vragen hoe dit komt, van haar horen dat het niet zo erg is. Maar ik zeg niets. Ik glimlach een beetje en zeg: 'Daar zijn de luiers. Moeten we niet oefenen, of zoiets?'

Die middag loop ik met de pop in de hand van onze slaapkamer – waar de baby eerst zal slapen – naar de kinderkamer. Op de commode doe ik luiers aan en uit, kleed ik de pop aan en uit. Ik ga in de stoel zitten met een kussen voor de borstvoeding. Maaike legt de pop boven op het kussen. 'Kijk, zo kun je haar melk geven. Maar ook als je gewoon met haar wilt zitten, kan dit kussen helpen om het langer vol te houden.'

Ik zie alleen maar een kussen en een pop. Mijn voorstellingsvermogen gaat niet zo ver. En weer voel ik angst. Maaike sust me. 'Als het kindje er straks is, zal een boel vanzelf gaan.' Ze kijkt erbij alsof ze hoopt dat het zo is.

Sint

Ik hoor mensen in het restaurant een liedje zingen. Ik ben op mijn kamer. Ze zingen over Sinterklaas. En over een stoomboot uit Spanje. Het moeten volwassen mensen zijn.

Aan het geluid te horen komt de Sint binnen. Hij wordt verwelkomd door hard gelach, gejoel en geklap. Ook Zwarte Pieten zijn erbij. Dat moet wel, want nu wordt gezongen over 'zijn knecht'.

Ik sluit mijn ogen en doe ze weer open. Ik word bang van het lawaai dat van beneden komt. Het is te veel en te dichtbij. Ik houd met twee handen mijn buik vast.

Ik hoor ze lopen. De Sint en zijn Pieten zijn op de gangen. Ze zijn bij patiënten die hun bed niet uit kunnen of willen komen. Sinterklaas praat met hen, wenst hen sterkte, geeft hun een cadeautje. Het zal wel een chocoladeletter zijn. De Pieten gooien strooigoed. Hard en ongecontroleerd. Her en der wordt het met gejuich ontvangen.

Ze komen dichterbij. Ze zijn op mijn gang. Ze maken lawaai. Ik word nog banger. Ik tril over mijn hele lichaam. En ik word kwaad. Woedend. Ze moeten weg. Ze mogen niet naar binnen. Julie moet rust hebben, ik moet rust hebben. Mijn handen heb ik nog steeds op mijn buik. Mijn schouders zijn opgetrokken. Ik duw mijn schouderbladen tegen de kussens van het bed. Mijn rug en mijn nek zijn krom. Ik kijk naar de deur. Alleen maar naar de deur.

Mijn middelste zus zit bij me. Ze wil me helpen, mij geruststellen. Maar ik zit opgesloten in mijn boosheid en mijn angst. Langzaam neemt het lawaai af. De Sint en zijn Pieten gaan weer naar beneden. Ik hoor nog een paar mensen zingen. 'Dag Sinterklaasje, dag.'

Dan is het stil. Ik durf eindelijk mijn rug te rechten en te gaan verzitten. Ik ben in de war. Ik weet dat ik iets heb gedaan wat ik lang geleden deed, toen ik een kind was. Maar ik weet niet hoe ik nu, als volwassene, had moeten reageren.

Laatste dag

Peter komt binnen. Met taart in zijn ene hand, en een zakje bonbons in zijn andere. Hij zegt: 'Het is zover. Bijna twee maanden ben je hier geweest. Maar je gaat naar huis.'

Hij kijkt blij, opgelucht en een beetje bang. Hij zet de taart en de bonbons neer en houdt me vast. Even, want mijn zwangere buik zit ertussen. Hij kijkt naar mijn buik en aait hem. 'Bijna,' zegt hij zacht tegen mijn buik. Hij kijkt naar mij. Ik houd zijn hand vast op mijn buik en herhaal wat hij zegt. 'Bijna.'

Vandaag ga ik weg uit het revalidatiecentrum. Voor altijd. Het is een heel gedoe geweest om te zorgen dat er straks thuiszorg is. Peter moest van alles regelen, maar het is gelukt. Ik heb het gisteren een paar keer tegen de verpleegster gezegd. Zomaar. En nu zeg ik het weer. Ik ben blij en opgewonden, maar ook zenuwachtig. Een week ben ik thuis, voordat ik naar het ziekenhuis ga voor de keizersnede. Dan zal mijn kindje er zijn. Mijn meisje. Mijn Julie.

Ik wil gaan. Nu meteen. Mijn tassen staan klaar, ik heb ze ingepakt met hulp van de verpleegster. De kaarten zijn van de muur. Gisteren en eergisteren heb ik ze in een tas gedaan. De fotolijstjes zitten in een rugzak gepropt. 'We kunnen gaan,' zeg ik tegen Peter en ik wijs naar de tassen.

Peter lacht. 'Wacht even,' zegt hij. 'We moeten vieren dat dit je laatste dag is. En we moeten de verpleegsters bedanken en de andere patiënten gedag zeggen.'

Ik zucht. Ik wil zo graag weg van hier, vertrekken, verdwijnen, nooit meer terugkomen, vergeten dat het centrum bestaat. Maar ik weet dat hij gelijk heeft. We gaan naar de kamer van de verpleegkundigen en Peter zet de taart op tafel. Hij lacht, praat, geeft ze een hand en bedankt ze hartelijk. De verpleegsters lachen en wensen mij veel succes.

Ik kijk naar Peter en naar de verpleegsters. Ik verbaas me erover hoe gemakkelijk hij contact maakt en ik verbaas me over de verpleegsters die al net zo snel en net zo gemakkelijk reageren op hem. Het voelt alsof ze op een ander televisiekanaal zitten. Een kanaal met een hoger tempo.

Bij de patiënten ben ik meer op mijn gemak. Op de gang rijdt de man met de twee gestrekte benen in een rolstoel. Hij pakt mijn arm met twee handen en wenst me veel succes. Hij zegt dat ik 'niet moet opgeven'. 'Echt niet doen, hoor.'

Voor de kamer van de zwembad-mevrouw en de ik-kan-niets-zeggen-meneer staan we stil. We moeten ook hier bonbons uitdelen. De zwembad-mevrouw pakt me stevig met één hand bij mijn schouder en zegt: 'Het leven is mooi.' Om daaraan toe te voegen, alsof ze het zelf niet gelooft: 'Echt waar.' De ik-kan-niets-zeggen-meneer steekt zijn duim omhoog. En zwaait.

In de kamer ertegenover is de neptamboerijn. Ze kijkt naar me en rolt dan naar me toe. Ze steekt haar hand uit. Voor de eerste keer lach ik naar haar. En ik loop naar haar toe en geef haar een hand. Ik mompel: 'Succes.'

Iemand anders

De dochters van Peter zitten op de bank. De tv staat aan. De jongste is gisteren elf geworden. We hebben het gevierd met hun moeder. Die is nu op vakantie in Zuid-Afrika, waar zij vandaan komt. Over een paar dagen gaan de meisjes daar ook naartoe, kerst vieren met hun oma.

Ik sta tegen de deur. Ik doe een poging mee te doen. Ik vraag of ze zin hebben om naar Zuid-Afrika te gaan. Ik praat langzaam, en slepend.

Volgens mij is het erger dan vanmorgen. Peter gaat bij ze zitten. Hij wenkt mij om ook te komen. Maar ik kan niet meer. De tv klinkt hard, het lijkt of de mensen die op tv zijn in de kamer zitten, hard door alles heen praten en niet willen stoppen. Het is alsof ze steeds dichterbij komen of dat het er steeds meer worden. Het is drie uur 's middags en ik heb nog niet geslapen vandaag. Ik ben doodmoe. Ik kijk naar mijn buik en ik wijs naar boven. 'Slapen. Sorry.'

Ik steek mijn hand op, alsof ik zwaai. Dan ga ik stapje voor stapje naar boven.

Halverwege de trap hoor ik de tv niet meer. Ik hoor de jongste dochter iets over mij tegen haar vader zeggen. Ik sta stil. Ze klinkt bang als ze zegt: 'Wat moet ik doen als blijkt dat ik praat tegen iemand die eigenlijk iemand anders is?'

Ik voel tranen opwellen. Maar ik doe niets. Ik kan niets doen. Ik wacht. Het blijft stil. Dan loop ik naar boven.

Zenuwachtig

Peter heeft zijn dochters op het vliegtuig naar Kaapstad gezet. Twee weken gaan ze, begin januari komen ze terug. Het is vreemd, maar voor het eerst dat ik ze ken, ben ik blij dat ze weg zijn. De afgelopen week waren zij bij ons en het is te zwaar voor hen, een zieke stiefmoeder die nauwelijks kan praten en voor wie alles te veel is. En het is te zwaar voor mij, leuk en aardig proberen te doen terwijl ik niet meer weet hoe ik dat moet doen.

De meisjes hebben me gedag gezegd, wetende dat er bij hun terugkeer een baby'tje zal zijn. Ze omhelsden me, en zeiden: 'Het komt goed.' Ik hield hen vast en herhaalde wat ze zeiden. Ze hadden gelachen en ze waren gegaan. Ik was opgelucht dat we met een lach afscheid hadden genomen.

Mijn moeder is er deze morgen, net als de dagen dat Peter moest werken. Maar vandaag gaan we naar het ziekenhuis. Als Peter terugkomt, sta ik klaar. Zenuwachtig. Ik wijs naar de tas waarin de spullen van ons meisje zitten, vier pyjamaatjes, vier rompertjes, sokjes, luiers en een mutsje. En een knuffelbeertje. Ik zeg dat ik vast iets vergeten ben, maar dat ik niet meer weet wat. Peter moet lachen. Hij slaat twee armen om me heen, zegt dat het wel goed komt en dat ik straks mijn meisje mag vasthouden. Ik voel me alsof ik moet huilen. Maar ik doe het niet. Ik zeg: 'Zullen we gaan?'

In het ziekenhuis zit ik op het bed en kijk naar Peter die bezig is de tas uit te pakken. Hij legt tijdschriften neer. *HP/ De Tijd*, *Vrij Nederland*, *Elsevier*. Ik pak *HP/De Tijd* en doe alsof ik lees. Peter gebruikt een plank in de kast voor de spullen van het baby'tje. En de knuffel geeft hij aan mij. Hij komt bij me zitten en zegt: 'Je redt het wel. Je bent sterk. Straks is ons meisje er.'

Ik lig op het bed. Peter staat naast me. Hij vraagt aan de verpleegster of ze een foto wil maken. Ik met een kapje op en in een operatiehemd, hij in een operatiebroek en -hemd. En ook met een kapje op. Hij lacht naar de camera. Zijn hand leunt op mijn schouder. Die voelt zwaar en ik kijk naar hem. Hij ziet er moe uit en gespannen. Als hij ziet dat ik hem opneem, geeft hij me een zoen. 'Geen zorgen,' fluistert hij, 'het komt goed.'

Ik krijg een ruggenprik en de gynaecologen en de gynaecoloog in opleiding beginnen. Ik kan het niet zien, het doet geen pijn, maar af en toe voel ik het wel. Het lijkt met grof geweld te gaan. Ze duwen en trekken. Tot er een soort gedempte, onderhuidse plop klinkt.

Mijn kind is er. Mijn meisje is stil, ze huilt niet. Het duurt misschien een seconde, maar ik wil me bewegen, naar haar toe gaan, haar helpen. Dan huilt ze en de gynaecoloog geeft haar aan Peter. Hij snuift haar op en houdt haar vast. Dan komt hij met haar naar mij. Ik mag haar even – heel even – zien. Dan moet ze met de artsen en met Peter naar het kleine kamertje voor een kort onderzoek. Na zo'n tien minuten komen ze terug. Peter legt het meisje bij mijn hoofd. Ik raak haar aan. Ik voel haar. Ik ruik haar. Ik huil, ik lach. Ze is gezond. Ze leeft. Ze is Julie.

Zeker vier uur heeft het geduurd voor ik weer werd teruggebracht naar mijn kamer, en ik Julie weer zie. Ik weet nog
dat ik weggereden werd naar de verkoeverruimte. Ik wilde
niet weg, ik wilde niet slapen, ik wilde bij Julie zijn, ik wilde haar vasthouden, voeden, naar haar kijken, moeder zijn.
Maar ze reden me weg. Ik zag haar in de armen van Peter liggen. Ze was rustig, kalm en tevreden. En ik viel in een diepe
slaap, nadat de verpleegkundige mij twee dekens extra had
gegeven. En nu ben ik hier, we zijn met zijn drieën op deze
ziekenhuiskamer. Peter geeft Julie aan mij. En ik heb mijn
dochter vast. Ze heeft een bijna witte huid en een blosje op
haar wangen. Ze heeft blonde, heel korte haartjes, donsjes
eigenlijk. Haar handjes zijn zo klein, maar toch zo sterk. Ze
krult tegen me aan. Even lijkt het alsof alles normaal is en zo
moet zijn.

En dan, nog geen paar minuten later, krijgt ze het benauwd. Het ademen gaat zwaar en wordt steeds moeizamer.
De verpleegster komt en zegt dat Julie naar boven moet, naar
de couveuse. Ze moet weg van hier, weg van mij. Ik moet
wachten tot een verpleegkundige mij naar boven brengt. Je-
zus. Godver. Niet nu. Niet dit.

Ik word kwaad. Openlijk. Voor het eerst sinds twee maanden. Ik zeg tegen Peter dat dit niet kan, dat ik bij mijn kindje
wil zijn, moet zijn. Ik verhef mijn stem. 'Ik wil bij haar zijn.
Ik moet bij haar zijn.' Maar Peter sust me. Hij zegt dat dit
beter voor haar is. Ik wil gillen en schreeuwen, maar ik doe
het niet. Dat kan ik niet.

Peter is al naar boven. Die kon meteen mee, ik moest wachten op de zuster. Die heeft me in een rolstoel geholpen. Het
heeft misschien een kwartier geduurd, maar het voelt veel

langer. Ze heeft me naar boven gereden en nu ben ik hier. Ik zie Peter staan met zijn rug naar me toe. Hij kijkt naar ons kind in de couveuse. Ze opent haar ogen, een beetje, en lijkt te gapen. Geen kleding, alleen een luiertje.

Ik fluister: 'Hallo.' Peter komt naar me toe en rijdt me naar de couveuse. Julie moet hier zijn, omdat haar longen wat meer tijd nodig hebben voordat ze het zelf kunnen. Het is maar voor één of twee dagen. De verpleegkundige heeft het vriendelijk en rustig gezegd, maar bij mij is de wanhoop alleen maar groter geworden.

Eén of twee dagen? Maar ik wil bij mijn kind zijn, ik wil haar vasthouden, aan haar wennen en wennen aan het moeder zijn. Maar verder dan door een glazen kist kijken kom ik niet. Ze mag er nu niet uit. Ik steek mijn hand door een opening in de couveuse en pak haar handje, voel haar vingertje. Haar duimpje en haar wijsvinger sluiten zich om mijn duim. Heel even voel ik me mama.

Op de ziekenhuiskamer ben ik weer patiënt, geen moeder, nauwelijks mens. Ik voel me wanhopig en alleen. Ik huil. Met felle uithalen en met gesnotter. Tot ik iets heb gevonden wat me kracht geeft. Julie Theresia Maria. Ik zeg haar naam, keer op keer.

Oma

Ze zit daar met Julie in haar armen. Ze praat zachtjes tegen haar, of neuriet eigenlijk een beetje. Ze aait heel langzaam over haar buikje. Oma en kleinkind. Kleinkind en oma. Alsof ze het weten van elkaar, zo rustig en kalm zijn ze.

Mama glimlacht, maar ze ziet er afgepeigerd uit. Voor het eerst, eigenlijk. In het ziekenhuis, het revalidatiecentrum of bij ons thuis deed ze wat ze moest doen. Geen geklaag, geen woede, geen of nauwelijks zichtbaar verdriet.

Peter heeft me wel drie keer verteld dat hij en mijn moeder de eerste twee dagen samen in het ziekenhuis overnachtten. Allebei op een soort campingbedje, allebei kapot van het niet slapen, het zenuwslopende wachten of ik niet een tweede hersenbloeding zou krijgen, het af en toe in een flits wegdrukken van wat er nog komen kon. Peter wist af en toe niet meer waar hij het moest zoeken, dan huilde hij en werd hij wanhopig. Mijn moeder niet. Zij was krachtig, kalm en lief. En: zij huilde niet. Peter had het me gezegd of hij het niet kon geloven. Steeds weer. 'Echt niet. Helemaal niet.'

Ik had geglimlacht. Dat was hoe ik haar kende. Mama had de schijn niet willen ophouden of zich niet stoerder voorgedaan dan ze was. Hier was haar dochter die haar nodig had, het was simpelweg niet de tijd voor haar verdriet. Dat kwam wel. Een keer.

Ik weet nog die keer in het ziekenhuis dat ze bij me zat. Ik wilde naar buiten, mijn kamer uit. Het was al na het avondeten. Dat weet ik omdat de verpleegster dat zei, omdat ze ons dat eigenlijk verweet. Maar mijn moeder had gezegd dat ze met mij een klein stukje ging lopen. Ze was vriendelijk geweest, maar ook vastbesloten. De verpleegster had haar verdere opmerkingen ingeslikt en had geholpen mij in de rolstoel te krijgen.

En daar 'wandelde' ik met mijn moeder door de gang van het ziekenhuis. Ik denk nu dat het misschien acht of negen meter is geweest voordat we aankwamen bij een soort huiskamer. Maar ik dacht toen dat we drie of vier lange gangen door moesten voordat we er waren.

Ik was op toen we aankwamen, terwijl ik gewoon in de rolstoel had gezeten. Ik wist niet meer waarom ik daar was. De huiskamer was eigenlijk niet veel meer dan een ruimte met een oude bank, wat oude tijdschriften, een tv en wat lege plastic koffie- en theekopjes. Mijn moeder had naar mij gekeken en gezegd: 'Hier stoppen we even.' En daarna: 'Zullen we terug naar je kamer gaan?' Dankbaar had ik geknikt. Ze had het stuk terug gelopen achter de rolstoel, de verpleegster geroepen en me samen met haar in bed gelegd. Ze wist dat ik angstig zou worden als ze me alleen liet. Dus zei ze: 'Ik blijf hier tot je slaapt.'

Ik kijk naar haar. Mijn moeder. Mijn lieve moeder. Ze is stil nu. Ze kijkt naar Julie en dan naar mijn vader. Een vage glimlach ligt op haar gezicht. Maar ze ziet eruit als iemand die tussen twee werelden leeft. Die van hoop en die van verdriet.

Ik herinner me die keer in het revalidatiecentrum. Toen had mijn moeder diezelfde blik gehad. Ik had haar het krantenartikel laten zien dat ik had gekregen van een mevrouw in het revalidatiecentrum. Het was een interview met Jill Bolte Taylor, een Canadese neuroloog die een ernstige hersenbloeding kreeg en nu acht jaar later weer volledig aan het werk is. Niemand had dit verwacht. Het was zeer hoopvol voor degenen die zoiets meemaakten.

Mijn moeder had enthousiast gereageerd. 'En, wat vond je van het artikel?' had ze me een beetje verbaasd, maar blij gevraagd. Ik had mijn moeder niet echt begrepen. Wat ik ervan vond? Tja. Om dat te kunnen zeggen, had ik het moeten lezen. Maar dat had ik niet gedaan. Te veel. Te lang. En vergeten. Ik wist dat het raar was, maar ik wist niet zo goed waarom. 'Tegenwoordig moet je aan veel denken. Aan veel tegelijkertijd, te veel,' had ik gezegd. Mijn moeder had mij aangekeken en had niets gezegd. Ze was opgestaan, had rondgekeken en was weer gaan zitten. Ze was verdrietig, dat kon ik zien. En ze wist niet goed wat ze moest doen. Maar waarom, dat wist ik niet.

Mijn moeder bij ons thuis, helpend, mijn moeder in het revalidatiecentrum, steeds rustig, steeds krachtig en mijn moeder in het ziekenhuis, optimistisch door de vorderingen die ik maakte.

En nu: mijn moeder hier met Julie. Mijn vader naast haar. Peter staat op om Julie over te pakken. Mijn vader en moeder komen naar het bed toe. Ze zeggen lieve dingen en dat ik moet slapen, zoveel ik kan. Ik wil zo graag iets tegen hen zeggen. Iets over uitrusten of over zich geen zorgen maken. Maar ik weet weer niet hoe. Mama aait mijn gezicht, alsof ze mijn worsteling ziet. Haar ogen vullen zich met tranen. En ik zeg alleen maar: 'Slaap lekker.' Het is vier uur 's middags.

Kerstmis

We zijn twee dagen thuis. Julie ligt op de bank. Ik zit bij haar en neurie en aai haar buikje. Ze maakt geluidjes, ze beweegt haar voetjes. Ik zeg steeds: 'Meisje, meisje', alsof ik verbaasd ben dat zij er is, dat zij hier thuis is en dat ik hier thuis ben.

En omdat ik iets moet zeggen. Want ik moet tegen haar praten. In het ziekenhuis zei ik niets tegen haar. Ik had haar vast, ik voedde haar, ik koesterde haar, maar ik zei niets. Ik had het niet door. Maar Peter had zich er zorgen over gemaakt. Hij zei: 'Praat tegen haar. Neurie. Of zing. Maar maak geluid.'

En daarom neurie ik, zeg ik 'Meisje, meisje' of 'Sssst, ssst' als ik haar buikje aai.

Ik heb haar zojuist borstvoeding gegeven. Voor Julies geboorte was ik bij de gynaecoloog en zei ik dat ik borstvoeding ging geven. Ik was trots en blij dat het kon. Zij was een stuk minder enthousiast. 'Als je het per se wilt, is het goed. Maar weet wel dat je dan weinig slaapt. En met te weinig slaap kan het slechter met je gaan.'

Peter heeft al drie keer gezegd dat de gynaecoloog gelijk heeft, want dat ik nu slechter praat. 'Echt, het gaat achteruit.' Ik heb mijn schouders opgehaald en hem gezegd dat het goed komt. 'Echt. Binnenkort.'

Peter is bezig kaarsen aan te steken. De magnetron staat aan. Hij komt naar ons toe, pakt het wipstoeltje en legt Julie erin. Ik wil iets zeggen, iets doen, maar hij is al weggelopen met het wipstoeltje. Als hij dat op de tafel heeft neergezet, komt hij terug en pakt hij mij bij mijn hand. Ik ben verbaasd over de snelheid waarmee hij heen en weer loopt.

'Kom, zitten.' Hij brengt me naar mijn plek. Er staan wijnglazen op tafel, mooie borden, zilveren bestek en stoffen servetten. Het is Kerstmis. En dat vieren we. Uit de magnetron komen twee kant-en-klaarmaaltijden van de Albert Heijn. Kerstmaaltijden, dat wel. Ik lach bij het zien van de maaltijd. Even voelt het alsof we een gewoon gezin zijn met een wat ongewoon kerstdiner. Peter moet ook lachen. Hij zegt: 'Merry Christmas, schat.'

Dan huilt Julie. Ik wil kijken wat er is, haar oppakken, haar sussen. Maar ik ben nog niet opgestaan. Ik heb nog niet eens een poging ondernomen. Peter wel. Hij staat bij het wipstoeltje en pakt Julie eruit. Hij draait zich niet naar mij toe, hij ziet me niet, hij loopt met haar weg. Hij sust haar, hij zingt voor haar, en zij valt in slaap op zijn borst. Ik zit nog steeds op mijn stoel. Vertwijfeld.

Nare ziektes

De kraamverzorgster heeft aan Peter gevraagd wat ze moet doen. 'Het huis of zij,' zei ze wijzend naar Julie en mij. Peter heeft voor het tweede gekozen en gezegd dat ze niet hoeft schoon te maken.

Dat doet ze ook niet. Ze zit op mijn bed en ziet eruit of ze daar nog heel lang blijft zitten. Ze zit ontspannen en doet gezellig. Ze is een jaar of vijfenveertig, heeft kort, zwart, overduidelijk geverfd haar. Ze neemt nog een kopje thee, en biedt mij niets aan. Dan gaat ze nog eens verzitten. Trekt haar been op het bed en draait zich naar me toe. Ze trekt een ernstig gezicht en zegt: 'Weet je, er zijn een heleboel nare ziektes die je kunt krijgen.'

Ik vraag me af hoe ze het in haar hoofd haalt om hierover te beginnen tegen mij. Julie heeft net borstvoeding gehad en ligt naast mij te slapen. Ik wil tegen haar zeggen dat ze weg moet gaan, dat ik te moe, te uitgeput ben om naar haar te luisteren, maar ik zeg niets.

'Zeker bij het geven van borstvoeding. Dan kun je zomaar borstkanker krijgen. Ze zeggen dat je vaak geneest, maar als je jong bent ga je er vaak aan dood. Ja, daar denk je niet snel aan, hè?'

Ik staar haar verbaasd aan. Maar zij gaat verder alsof ik geïnteresseerd luister. 'Weet je wat je moet doen? Nou?' Ik antwoord niet. Dat maakt weinig uit. 'Elke maand moet je jezelf onderzoeken. Tenminste, dat zeggen de dokters hè? Maar die weten ook niet alles. Ik vind: elke twee weken. Onderzoek jezelf en bij twijfel ga je meteen naar de huisdokter. Gewoon gaan. Niet wachten. Gaan.'

Ik kijk naar Julie. Ik probeer de kraamverzorgster met gebaren duidelijk te maken dat zij stil moet zijn, omdat Julie slaapt. Terwijl ik dat probeer, word ik boos. Heel boos. Ik wil haar vertellen dat ik wel iets anders aan mijn hoofd heb dan mijn borsten te controleren. Ik wil haar zeggen dat ze haar mond moet houden, liever nog haar stomme kop moet houden, weg moet gaan uit mijn kamer, op moet rotten uit mijn leven en, desnoods, haar slaan. Hard. Maar dat doe ik niet. Ik zeg ook niets. Ik sluit mijn ogen. En ik hoop dat ze weggaat.

Dragen

Julie ligt op ons bed. Ze slaapt. Eindelijk. Ik lig naast haar. En kijk naar haar. Vanmorgen was ze overstuur. Erg overstuur. Ik wist niet wat er was, ik kon haar niet helpen. Ik tilde haar op, maar het jammeren werd huilen. Ik legde haar neer, maar het huilen werd schreeuwen. Ik had het nog een keer geprobeerd. Het schreeuwen werd gekrijs. Ik had Peter geroepen. Wanhopig, en beschaamd dat ik niets kon verzinnen dat haar kon kalmeren. Peter kwam, pakte haar op, legde haar op haar buik op zijn arm en wiegde haar. Hij zei zachte woordjes, neuriede een liedje. Langzaam werd het schreeuwen huilen en het huilen gejammer. En toen hield het op. Ze keek voor zich uit met grote ogen, deed ze af en toe dicht en toen sliep ze.

Peter heeft haar hier op ons bed gelegd. Ik lig naast haar en ik kijk naar haar. Mooie, lieve, bijzondere, stoere Julie. Ik voel aan mijn buik waar zij zat. Ik kijk naar haar gezicht. Haar ogen zijn dicht, haar wimpers zo lang, haar wenkbrauwen zo licht, haar mondje staat een beetje open. Haar oren zijn zo klein, haar nekje is zo wit. Haar borstkas gaat op en neer, ik hoor haar ademen, rustig, gelijkmatig. Meisje. Mijn meisje. Hoe kan ik haar ooit vertellen wat er met mij is gebeurd? Moet ik het haar ooit vertellen? Zal ze het zien als ze groter is? Zal ze het horen aan hoe ik praat?

Ik wil er voor haar zijn, ik wil voor haar zorgen, maar hoe? Hoe kan ik een goede moeder zijn met een been dat niet doet wat ik wil en een arm die niet meewerkt? En, vooral: hoe kan ik voor haar zorgen met een hoofd dat dingen niet meer weet, dingen langzaam doet, maar één ding tegelijk kan doen, en anders en trager praat dan voorheen? Ik ben bang dat ik iets verkeerds zal doen, wanhopig soms dat ik het niet meer weet, verdrietig als ik naar haar kijk omdat ik niet meer kan wat ik kon. En ik ben moe. Doodmoe.

Gisteren gingen we wandelen. Peter, Julie en ik. Ik liep achter de wagen. Dat helpt mij om wat langere stukken te kunnen lopen, zonder dat iemand merkt dat er wat gebeurd is. Ik voelde mij moeder, Julies mama; het was koud, maar de zon scheen, Peter had zijn arm om mij heen, er was alles om gelukkig te kunnen zijn. Ik zei tegen Peter dat het goed ging en dat zelfs het lopen heel behoorlijk ging. Peter schudde zijn hoofd. 'Je tilt je rechterbeen veel te hoog op. En je zwaait je been naar buiten. Het is niet goed.'

De rest van de wandeling was ik stil. Ik probeerde mijn been minder hoog op te tillen, maar het lukte niet. Ik probeerde ook de zwaai die mijn been maakte te bedwingen, maar ook dat lukte niet. Ik voelde me alleen, gekwetst, verdrietig en wanhopig. Het gevoel van moeder zijn was weggeraakt door mijn onzekerheid en mijn gebrek aan vertrouwen dat het goed zou komen.

Julie is wakker. Ik til haar op. Ik praat een beetje tegen haar. Kietel en kroel. Zoals moeders doen. Zoals ik doe. Dan neem ik een beslissing. Ik loop met haar naar het begin van de trap. Ik heb haar goed vast. Dan ga ik zitten. Zij geeft geen kik. Haar hoofdje ligt tegen mijn nek aan. Ze ligt op mijn linkerschouder. Ik heb mijn linkerhand stevig onder haar rug, mijn rechterhand houdt de achterkant van haar hoofdje vast.

Ik haal diep adem. Ik zet mijn voeten zo stevig neer als ik kan. En ik ga zitten. Boem. Julie huilt niet, jammert niet, ligt nog net zo stil tegen me aan als een paar seconden geleden. En ik ga, één tree. En weer één. Julie ligt nog steeds stil en ademt rustig.

Ik doe het nog eens, en nog eens. Zeventien keer in totaal. Dan ben ik beneden. Ik sta op. Julie maakt een tevreden geluidje. Ik loop met mijn dochter op mijn arm de woonkamer binnen.

Alleen

Ik ben alleen. Helemaal alleen. Peter is weg. Hij heeft Julie meegenomen. Ze zijn naar buiten. Ik geloof dat ze naar de markt gingen. Het is zaterdagmorgen. En koud, maar mooi weer. Ik heb twee uur. Als ik de telefoon in de buurt zou houden, mocht ik alleen blijven. Ik word gecontroleerd alsof ik een misdadiger ben. Als Peter er niet is, is iemand van de thuiszorg er, als die er niet is, is mijn moeder er. Of mijn vader. Of Peters vader, of Marlies of Maartje, of mijn middelste zus. Het is lief van ze, en zorgzaam, maar soms wou ik dat ze wegbleven en mij met rust lieten. Dan wil ik vooral Peter, want die is het meeste in de buurt, aanvliegen en toeschreeuwen dat hij mij met rust moet laten, dat ik alleen kan zijn, alleen wil zijn. Maar ik doe het niet.

Omdat ik te moe ben. Omdat ik het niet kan. En omdat hij gelijk heeft dat hij bang is om mij lang met Julie alleen te laten. Want zijn angst dat ik opnieuw een hersenbloeding krijg, is terecht. Hoe minder ik die angst voel, en hoe meer ik gewoon wil leven, hoe banger hij wordt en hoe meer hij Julie en mij in bescherming wil nemen.

Maar nu ben ik alleen. Vrij om te doen en te laten wat ik wil. Ik kan gaan douchen, lang, uitgebreid. Ik kan opruimen, zoals ik het gewend ben. Zodat het duidelijk is dat ik hier weer echt ben. Dat ik hier woon, en leef.

Ik kan ook mijn teennagels lakken. Ik zie op de kast een flesje staan. Rood. Het moet er al maanden staan. Ik had het niet gezien. Maar nu zie ik het staan. Zal ik nagellak opdoen? Zal ik mijn tenen rood lakken?

Het lakken van mijn nagels. Daar heb ik terpentine voor nodig. Voor als ik knoei. Maar het heet geen terpentine. Terpentine staat beneden in het keukenkastje. Het ruikt wel een beetje hetzelfde. Maar dit zit in een kleine fles. Een vriendelijke fles, zonder een ingewikkeld draaimechanisme om te zorgen dat kinderen hem niet open kunnen maken. Want dat heeft terpentine. Net als wasbenzine of hoe heet het, olie, olie voor lampen of kaarsen eigenlijk, maar het is een woord met lampen. Lampenolie. Dat is het. Maar daar ging het niet om. Het ging over het spul waar ik mijn nagels mee schoonmaak. Het is een woord met nagel erin. Iets dat nagels schoonmaakt. Maar dan in het Engels. Geloof ik. Het is remover. Nagelremover. Nee, dat klopt niet. Dat is het niet. Het is nagellak. Nagellak. Remover. Nagellakremover.

Even ben ik blij, opgewonden zelfs dat ik dit woord heb gevonden. Alsof ik met een puzzel bezig was en nu de goede oplossing weet. Dan voel ik me moe. Uitgeput. En somber. Heel somber. Want alles wat ik heb gedaan, is hier liggen. Ik heb bedacht dat ik misschien iets ging doen, maar ik kon de woorden niet vinden. En ik zie nog steeds de fles rode nagellak. Maar het gevoel dat het leuk zou zijn om mijn nagels te lakken, is weg. Het is te veel. Denken aan teennagels lakken, of aan opruimen, of aan uitgebreid douchen is één, het doen is te veel, te groot, te overweldigend. Ik blijf liggen. Ik sluit mijn ogen. Ik slaap tot Peter en Julie terug zijn.

Matrasje

Mijn middelste zus en ik staan in de babywinkel. We moeten een matrasje kopen, Julie wordt te groot voor haar wiegje. Haar ledikantje staat al klaar. Mijn zus heeft me meegenomen naar deze winkel. Hier hebben ze zogoed als alles. De matrassen zijn op de eerste etage. Daar gaan we met de trap naartoe. Ik ben moe als we bovenkomen. Ik leun tegen de trapleuning. Mijn zus geeft me zachtjes een duwtje richting de matrassen. Daar wijst ze me de goede maat aan. Ze hangen op ooghoogte. Aan elke matras hangt een dun kartonnetje. Daarop staat de prijs, maar ook de dikte, het soort vering en het comfort. Ik kijk ernaar, maar ik weet niet wat ik moet vinden, of ik iets moet vinden, moet zeggen of moet doen. Moet ik eraan voelen? En dan? Moet ik erover praten? En wat is goed? En wat is minder goed? Ik heb geen idee.

Een mevrouw van de winkel komt erbij staan. Ze vraagt of ze ons kan helpen. Ze lijkt vriendelijk, maar ik wil dat ze weggaat. Ik weet toch niet wat ik wil weten, en ik weet niet hoe ik dat moet zeggen. Maar mijn zus praat terug. Ik hoor haar 'Graag' antwoorden. De vrouw begint te praten. Over de dikte, het comfort en het type matrasje. Als ze is uitgepraat, kijkt mijn zus naar mij. Ze wacht totdat ik een reactie geef. Ik kijk naar de vrouw, dan naar mijn zus, dan haal ik mijn schouders op. Ik weet echt niet wat ik moet zeggen.

Mijn zus bedankt de vrouw en zegt dat we zo een keuze zullen maken. Ze vraagt opnieuw aan mij welk matrasje ik wil. Ze zegt: 'Voel er maar aan. Wat vind je?' Ze strijkt over een matrasje. 'En de dikte, kijk er eens naar. Is die te dun? En deze dan?' Ik weet het echt niet. Het is niet dat het me niet interesseert. Het is voor Julie en ik wil een goed matrasje kopen. En ik wil mijn zus niet teleurstellen door niets te zeggen of te doen. Maar het is te veel, de kleuren op de muur doen pijn aan mijn ogen, de tl-lampen schijnen fel, het is te druk in de winkel en de stemmen van de mensen komen hard binnen. Een vrouw zegt steeds tegen haar kindje dat ze stil moet zijn. Steeds harder. Ik wil niet dat het kindje stil is, ik wil dat zij stil is, dat zij haar mond houdt, dat ze vertrekt.

Mijn zus heeft een matrasje uitgekozen en laat het me zien. Het is niet te dik, niet te dun, niet te duur, niet te goedkoop. Ze vraagt me of ik deze wil. Ik zeg dankbaar ja, en we kunnen naar de kassa. We nemen de lift naar beneden. Ik ben te moe voor de trap. In de rij voor de kassa kom ik erachter dat ik mijn portemonnee niet bij me heb. Thuis laten liggen, terwijl ik hem van tevoren had klaargelegd. Mijn zus zegt dat het niet uitmaakt en betaalt.

In de auto vraagt mijn zus hoe ik me voel. Ik wil wel praten. Maar ik weet niet hoe. Ik wil wel vertellen dat ik me zorgen maak over de toekomst, over volgend jaar, over morgen, over vanmiddag. Ik wil haar wel vertellen dat ik twijfel hoe ik Julie moet opvoeden, dat ik niet weet hoe het moet als zij gaat lopen en ik haar niet kan bijhouden en dat ik niet goed snap dat ik tegen haar moet praten. Dat ik twijfel of ze wel iets van mij kan leren, of ik wel met haar kan spelen, of ik wel echt haar moeder kan zijn.' Maar ik zeg niets. Alleen, dat ik naar huis wil. Omdat ik moet slapen. En halverwege, opeens, trots: 'Die vrouw in de winkel noemen ze verkoopster.'

Vloeken

Ik heb Julie naar de crèche gebracht. Alleen. Dat zou toch iets simpels moeten zijn, iets wat je gewoon even doet. Het kinderdagverblijf waar ze naartoe gaat, is vijf minuten lopen. Het gebouw is niet moeilijk bereikbaar, het is gewoon een brede weg, brede stoepen en een brug voor de deur die voorkomt dat je naar de ingang moet klimmen. In de crèche zelf hoef ik geen trappen op of af, of lange gangen door voordat ik in de groep van Julie ben.

Ik hoef alleen maar de kinderwagen naar binnen te rijden, mijn dochter van negen weken uit de wagen te halen, haar jasje en mutsje in haar bakje te leggen en de eerste deur links te openen. Sterker nog: meestal komen de mensen die hier werken me al tegemoet om me te helpen. Ze – het zijn drie vrouwen van ongeveer dertig, vijfendertig en vijftig jaar oud – zijn aardig, behulpzaam en goed in wat ze doen. Er is niets te bedenken waarom het zwaar zou zijn, maar ik zit hier op onze trap alsof ik net een marathon heb gelopen.

Ik had Julie goed aangekleed. Heel goed. Tegen de kou had ze een mutsje op, een jasje aan en een sjaaltje om. Ik had haar in de wagen gelegd, onder een deken en met de klep goed dicht. Ik was klaar om te gaan. Dacht ik.

Ik was vergeten mezelf aan te kleden. Ik stond daar in mijn pyjamabroek en een t-shirt. Ik keek naar mezelf en verbaasde me over het gemak waarmee het vroeger ging. Dingen als aankleden of uitkleden, eten of drinken, douchen of naar bed gaan, ze gingen vanzelf, zonder erover na te denken. Nu is aankleden, of tenminste een trui en een broek aantrekken, schoenen en een jas aandoen, een opgave.

Ik haalde diep adem. Geen tijd om na te denken of om verdrietig te doen. Ik had geluk met de joggingbroek en de trui die nog beneden lagen. Ik deed mijn schoenen en mijn jas aan en stond weer op het punt om weg te gaan. Maar waar waren mijn sleutels? Waar had ik ze gelaten? Ik had werkelijk geen idee. Ik zocht ze, overal, in de woonkamer, de keuken en, ik weet niet waarom, op de wc. Nergens sleutels.

Ik vloekte. Hard. Godverdegodver. Klotezooi. Teringshit. Ik wilde huilen, niet om de sleutels, maar om alles en iedereen. Omdat ik niet snel ben – zeg maar heel langzaam – niet meer normaal kan praten, niet normaal kan lopen en mijn arm niet normaal kan gebruiken en omdat ik helemaal uitgeput ben. Maar toen verbaasde ik me erover dat ik zo hard vloekte en tierde. Ik deed het nog een keer. 'Al die kutmensen ook. En dat teringgedoe de hele tijd. En die klotesleutels. Godverdomme.'

Ik lachte. Opeens, want ik hoorde mezelf dingen zeggen waarvan ik niet meer wist dat ik ze kon zeggen. Het voelde lekker en een beetje levend. Ik keek naar Julie. Die was rustig, vrolijk zelfs, ze brabbelde een beetje. Ik haalde diep adem. En ik zag mijn sleutels. Ze lagen ongeveer voor mijn neus.

Tweepersoonshemd

Ik zit nog steeds op de trap na het wegbrengen van Julie. Terwijl ik naar binnen zou moeten gaan om de komst van de logopediste voor te bereiden. Ik moet een pen pakken bijvoorbeeld, en een papier. De logopediste werkt bij het ziekenhuis om de hoek en ze komt twee keer per week een halfuur bij mij. De rest – ze heeft het door de telefoon verteld – komt neer op huiswerk. Ik ben gespannen alsof het om mijn eerste schooldag of een moeilijk proefwerk gaat. En ik vraag me af hoe je iets kunt leren wat je al kon, maar bent kwijtgeraakt en steeds weer opnieuw verliest.

Ik heb een lichte vorm van afasie, dat is getest in het revalidatiecentrum. Het is een taalstoornis waarbij het ene wordt gezegd, maar het andere wordt bedoeld. Is dat zoiets als toen ik naar een auto wees en deze openluchtauto noemde? Nog steeds – al heb ik inmiddels geleerd dat we cabrio zeggen – wil ik eigenlijk het woord openlucht gebruiken. Ook als ik het woord neptamboerijn of snoepmeisje gebruik, denk ik zeker te weten dat het bestaat. Net als bij tweepersoonshemd, om aan te geven dat een overhemd veel te groot is, bij plichtwinkels voor de supermarkt of de apotheek en vrijetijdszaken voor cadeauwinkels of leuke kledingzaken. Die woorden bestaan niet, maar ze zeggen wel precies wat ermee bedoeld wordt. Voor mij lijkt het heel normaal als ik zo'n woord gebruik, het zijn anderen die verbaasd reageren.

Ook gebeurt het vaak dat ik dingen vergeet of door elkaar haal. Ik noem een goede vriend vaak Kees, terwijl hij Thomas heet, ik noem de fles van Julie steevast het drinkding en van rompertje maak ik meestal vestje.

Het praten en reageren gaat stukken langzamer dan vroeger. Voor mijn hersenbloeding praatte ik snel en wist ik voor vrijwel ieder woord een synoniem en voor elke uitdrukking of elk gezegde had ik zo een ander gevonden. Nu weet ik met moeite één manier om te zeggen wat ik wil en is er voor meer of andere manieren geen ruimte.

Als ik de tijd en rust heb om het praten van tevoren te overdenken, gaat het bijna nooit mis. Zoals bij de logopediste toen ik was opgenomen. We zaten samen in een kamertje en er was geen tijdsdruk en zij was vriendelijk en kalm. Maar als ik twee dingen tegelijkertijd moet doen, er veel mensen zijn of er veel geluid is, wordt het moeilijker. Dan verzin ik zonder het te weten een woord dat niet bestaat of zeg ik niets meer. Dan loop ik achter de wereld aan.

De bel gaat. Ik schrik wakker. Het is een uur geleden dat ik hier op de trap ging zitten. Om even uit te rusten, dacht ik. Nu is de logopediste er. Ik probeer zo snel mogelijk open te doen, maar het kost toch zeker een minuut om van de trap naar de deur te komen.

Klein, lange donkere haren, en kleine, blauwe ogen. Mijn leeftijd, schat ik. Ze is niet overdreven aardig, maar ze is vriendelijk, beleefd, en doortastend. Geen blablatype en dat is prettig, omdat ik niet zo goed weet waar ik over moet kletsen, hoelang je dat doet en wanneer je een grapje maakt – of niet.

Ze geeft me haar jas, waar ik nog mee in mijn handen sta als zij de gang door loopt. 'Ophangen. Ik moet hem ophangen. En die van mezelf ook,' bijt ik mezelf toe. Ik volg haar daarna naar de woonkamer. Ze gaat zitten, nadat ze me gevraagd heeft of 'deze plek oké is' en het antwoord niet heeft afgewacht. Koffie hoeft ze niet, koekjes ook niet. Ze zegt: 'Kom, we beginnen.'

We doen een soort kinderspelletje met woorden. Ik krijg vijf kaartjes met woorden als brandweer en treinkaartje. Die horen bij de woorden brand en trein. Die staan op een lijst die de logopediste voor zich heeft. Zij leest het woord brand voor, samen zoeken we naar brandweer. Godzijdank kan ik het, het is zelfs te makkelijk voor me. Ik ben zo opgelucht dat ik bijna zit te juichen op mijn stoel.

Voor ik het weet krijg ik twee velletjes huiswerk op, en gaat ze. Ze zegt gedag zoals ze hallo zei. Vriendelijk, maar afstandelijk. Denkend aan de vrouw van de thuiszorg die op donderdagen bij me komt en alles vertelt wat ze meemaakt en niet doorheeft dat ik geen aandacht voor haar kan hebben, word ik hier vrolijk van. Ik vind dit veel prettiger. Opgewekt zeg ik de logopediste gedag.

Huilen

Elke week komt een goede vriendin of mijn middelste zus langs om mij te helpen. Vorige week had ik met mijn zus nog een parasolletje gekocht voor de wandelwagen. Het was een heel gedoe. Ik was de code van mijn pinpas vergeten en was, na advies van mijn zus, na twee keer gestopt met proberen. Mijn zus had de rekening betaald.

Ik moet nog kijken hoe ik weer achter mijn pincode kom, bedenk ik nu. Ik ben de code nog steeds vergeten. Ik wist er opeens een heleboel, maar die zijn waarschijnlijk van oude passen. Twee van de hervonden codes waren in elk geval niet van de pas die ik nu heb. Ik moet eigenlijk naar de bank. Ik weet dat ik dit ga vergeten. Ik laat het.

Vandaag is Maartje er. Ik heb twee uur geslapen toen zij op Julie paste. Die sliep ook, maar het ging erom dat ik die twee uur kon blijven doorslapen, ook als ze wakker werd. Nu slaapt ze nog steeds. Het is een van de weinige momenten dat ik wakker ben als Julie nog slaapt.

Maartje zegt dat ze weinig heeft gedaan in die twee uur. Ze heeft de was opgevouwen en de afwasmachine in- en uitgeruimd. Daarnaast heeft ze de krant gelezen, en nu zit ze voor haar werk te lezen. Weinig? Ik kijk naar haar. Ik ben alweer moe van het naar beneden komen, hallo zeggen; zij heeft simpelweg mijn huishouden gedaan, gelezen over wat er in de wereld aan de gang is en haar werk gedaan. Mijn God, hoe doet ze dat? Hoe kan ze die dingen op één dag, in één middag allemaal doen?

Ze gaat theezetten. Ik ga zitten en kijk om me heen. Het ziet er opgeruimd uit. Ook dat heeft ze gedaan. Ze zet thee neer en vraagt aan mij hoe het gaat. Ik kijk haar aan. Haar blik is open en bezorgd. Ik kijk naar de babyfoon. Die maakt geen geluid. De rode lampjes zijn uit. Het betekent dat Julie nog slaapt en dat het in haar kamer rustig is. Ik ga zitten. Op het hoekje van de bank. En ik schud 'nee'.

Ik voel tranen opkomen. Het is te veel. Het moe zijn, mijn mankementen, het niet goed kunnen praten, me niet kunnen concentreren en met mijn scheve mond en mijn grote oog er anders uitzien dan eerst, toen er nog niets gebeurd was. Ik wil niet meer elke keer dat ik wakker word proberen mij bij elkaar te rapen. Ik wil niet meer naar mijn dochter kijken en weten dat er een dag komt dat ik haar zal moeten uitleggen wat er gebeurd is.

'Ik kan niet meer. Ik wil niet meer.' Ik zeg het. En schrik. Dan huil ik. Met grote uithalen als een klein kind. Ik snik op Maartjes arm. Het lijkt wel of ik niet meer kan stoppen. Ik wil verdwijnen, weg, terug naar hoe het was. Langzaam wordt het minder, word ik rustiger, kalmer. Ik ga rechtop zitten en zie de trui van Maartje. Besmeurd met snot en slijm. Ik wijs erop. Maartje lacht me toe. 'Ik ben blij dat je huilt.'

Consultatiebureau

We zitten in de auto. Ik heb – we hebben – de maxicosy met Julie vastgezet. Mijn moeder moest helpen met de gordel. Ik kreeg hem niet vast. Daarna ben ik ingestapt en op de passagiersstoel gaan zitten. Ik mag niet rijden, want mijn rijbewijs is me ontzegd. Omdat de mensen van het bureau voor rijexamens, het CBR, niet weten of ik het nog kan, of ik nog snel genoeg kan reageren, of ik nog wel kan opletten. Ik mag pas weer over een jaar proberen mijn rijbewijs terug te krijgen.

Daarom ben ik met mijn moeder. Ik had pas een paar dagen geleden gevraagd of ze met me meeging. Ik had op een vriendin die in de buurt woont gerekend. Ze had duidelijk en meerdere keren gezegd dat ik haar voor dit soort dingen altijd kon bellen. Ze had het ook nog op een kaart gezet. Die kreeg ik in het revalidatiecentrum. Ik was blij geweest met haar post. Of eigenlijk vooral Peter. Die had gezegd dat we alle hulp goed konden gebruiken. En ze woonde dichtbij genoeg om 'even bij te springen'.

Ze was een tijd geleden met haar baan gestopt en had genoeg tijd, zei ze, om er voor me te zijn.

Maar ze had twee kleine kinderen en een druk sociaal leven. Ze had, had ik bedacht, er vast geen tijd voor om een langzaam lopend en traag reagerend persoon en haar baby naar een consultatiebureau te vervoeren, daar te wachten en ze weer naar huis te brengen.

Ik vond hulp vragen sowieso moeilijk. Als ik griep had, verstopte ik me meestal in mijn slaapkamer om er af en toe uit te komen voor een kom soep; als er in huis iets moest gebeuren vroeg ik liever een klusjesman dan een bekende om mij te helpen. Het was makkelijker om iemand te betalen dan om een goede vriend te vragen tijd vrij te maken om in jouw woning te klussen. En nu merk ik: hoe harder ik hulp nodig heb, des te moeilijker het is om erom te vragen.

Peter had een paar keer gezegd dat ik mijn vriendin moest bellen. Ze had het toch aangeboden, had hij gezegd. Hij had niet begrepen dat ik het moeilijk vond. Ik had niets gezegd. Ik had haar uiteindelijk gebeld. Drie keer. De eerste keer had ik zo vrolijk mogelijk ingesproken of ze me wilde terugbellen. De tweede keer, bijna een week later, had ik voorzichtig gevraagd of ze me misschien kon bellen, de derde keer had ik niets gezegd, maar opgehangen. Er kwam niets, het bleef stil.

Het deed pijn, niet alleen omdat ik erachter kwam dat zij niet zo'n goede vriendin was, maar ook omdat ik haar zo hard nodig had, omdat ik niets kon en niets was zonder de hulp van een ander.

Het consultatiebureau is zo'n twintig minuten lopen. Dat is geen probleem, had ik gezegd voordat het gebeurde met mijn hoofd. Maar nu kon ik geen twintig minuten heen en terug lopen, simpelweg omdat het te ver was. En ik wist niet of ik de route wel kon onthouden, ik wist niet wat ik moest doen als ik het niet meer wist of wat ik moest doen als ik te moe werd.

Er gaat ook een bus heen. Maar ik wist niet waar de haltes waren, welke bus ik moest nemen, wat ik tegen de chauffeur moest zeggen en hoe ik Julie veilig in de bus kreeg. En ik wist niet waar ik eruit moest en hoe ik Julie met de wagen en al uit de bus kreeg.

Nu zijn we bij het consultatiebureau. Ik kleed Julie uit, sla een kleine, roze handdoek om haar heen. Dat klinkt eenvoudig, maar ik heb gisteren haar tas ingepakt en ben drie keer naar haar slaapkamer gelopen voordat ik wist wat ik zocht. Steeds weer had ik het me beneden herinnerd, maar eenmaal boven in haar kamer wist ik het niet meer. De derde keer, de keer dat ik wel wist dat ik een handdoek moest pakken, heb ik het hardop gezegd, keer op keer, tot ik hem in mijn handen had.

De vrouw van het consultatiebureau roept ons. Julie moet op de weegschaal en dan op het aankleedkussen langs de meetlat. Het gaat onhandig. Ik moet haar stevig vasthouden om te zorgen dat ze blijft liggen op het kussen en dat haar beentjes gestrekt zijn en haar hoofdje recht ligt. Ze huilt, hard, en inwendig huil ik met haar mee. Omdat ik twijfel of ik ooit een goede, echte moeder zal kunnen zijn. En omdat er een gehaaste en chagrijnige verpleegster is die zegt dat we 'hup hup' moeten opschieten. Zij doet 'de beentjes wel.' Ze zucht diep als het niet snel genoeg gaat. 'Kom, kom, hoofdje vasthouden. Anders meet ik haar niet goed.'

Ik heb zin om Julie op te pakken en weg te gaan, maar ik verman me. Ik kijk naar Julie, houd haar hoofdje recht en doe een poging haar toe te lachen. 'Stil maar meisje. Alles is goed.'

Revalidatiecentrum

Twee keer per week ga ik naar het Sophia Revalidatiecentrum in Den Haag. 's Morgens breng ik Julie naar de crèche, daarna wacht ik op de taxi. Julie is vijf maanden oud, ik ga sinds zij tweeënhalve maand oud was.

Het is een klein halfuur rijden met de taxi. Tenminste, als ik de enige ben. Als er meer mensen zijn die naar het revalidatiecentrum moeten en het ligt op de route, gaan we die ophalen. Dat kost tijd, want meestal zijn die mensen niet erg snel. Net zoals ik niet erg snel ben.

Na een gesprek met de revalidatiearts heb ik besloten weer regelmatig naar het revalidatiecentrum terug te gaan. 'Hier,' vond de dokter, 'is alles bij elkaar. Wij kunnen je meer bieden dan je nu krijgt van de fysiotherapeut en de logopediste. Hier krijg je ook ergotherapie en psychologie. En hier kunnen we kijken welke vorderingen je maakt en waar je nog extra hulp bij nodig hebt.'

Ik had met moeite ingestemd. Ik haatte het centrum, ik haatte de portier die altijd tegen iedereen aardig deed, ik haatte het personeel dat vrolijk deed, terwijl er niets was om vrolijk van te worden, ik haatte de geur van zieke mensen en ik haatte de patiënten. Ik haatte diegenen die niets zeiden of deden en ik haatte diegenen die kletsten of er niets aan de hand was. Ze leken te veel op mij, allebei. Ik ging toch, omdat het goed voor me zou zijn.

Mijn schema was strak ingedeeld, om te zorgen dat ik voor de lunch naar huis zou kunnen, zodat ik kon slapen voordat ik Julie van de crèche haalde. De taxi kwam, meestal om halféén, en bracht me thuis. Ik strompelde naar mijn bed, liet me vallen en sliep tot kwart voor vijf. Een wekker moest mij wakker maken. Om vijf uur haalde ik Julie op. Het revalidatiecentrum had ik dan tijdelijk uit mijn herinnering gewist, tot de taxi twee dagen later weer voor de deur stond.

Klein kind

In het revalidatiecentrum begon ik vandaag met fysiotherapie. Ik moest proberen met mijn rechterarm een balletje in
een daarvoor bestemde koker te gooien. Het was niet moeilijk, of het zou niet moeilijk moeten zijn. Maar het lukte pas
na een keer of tien proberen. Twee keer. Toen was het op.
De andere keren viel het balletje naast de koker op de grond.
De fysiotherapeute keek bezorgd, maar zei dat het 'goed was
met de arm voor nu'.

Ik ging zitten bij de grote tafel aan het raam. We waren
nog geen tien minuten bezig, maar ik had een pauze nodig. De fysiotherapeute kwam bij me zitten. Zij was aardig,
meelevend, maar ze deed vooral normaal tegen me. Dat
was prettig. Eerst had ik een fysiotherapeute gehad die tegen me sprak of ik slechthorend en achterlijk tegelijk was.
Haar diensten waren verplaatst naar andere dagen. Ik was
opgelucht. Deze fysiotherapeute, een vrouw van een jaar of
vijfenveertig, met kort grijs haar, kon ik dingen vertellen, en
zij vertelde mij dingen. De kleine dingen van het leven en
soms ook de belangrijke of moeilijke gebeurtenissen. Het
was soms zelfs gezellig.

Nu zit ik hier, bij de ergotherapeut. Hij is een jaar of dertig, aardig en ook hij neemt me serieus. Hij vraagt naar mijn
activiteitenschema. Ik vis een halfvolle lijst uit mijn tas.

'Te moe,' is mijn argument, want de lijst die ik twee weken
geleden heb meegekregen, is niet af. Ik vind het al een won-
der dat ik hem voor de helft heb ingevuld.

Het is een schema per dag. Je moet bij alle activiteiten met een cijfer aangeven hoe belangrijk ze zijn en hoeveel energie ze kosten. Ik was halverwege de dag al door het maximale aantal punten heen. Opstaan, Julie aankleden, met Julie een fruithapje eten, zelf ontbijten en Julie naar de crèche brengen, was al bijna de helft van het aantal punten. Dan moest ik nog naar het revalidatiecentrum. 'De logopedie, fysiotherapie, gym en de ergotherapie komen daar nog bij. En dan heb ik 's middags en 's avonds nog niets gepland. Dat kan dus niet.'

Ik klink als een klein kind, een kind dat iets wil, maar het waarschijnlijk niet krijgt.

Ik hoor het en ik zeg: 'Sorry. Echt sorry.' Ook dit zeg ik als een kind. De ergotherapeut moet lachen. 'Het geeft niet. Maar kijk of er dingen zijn die niet hoeven, dingen die je op een dag kunt doen dat je hier niet komt. Kijk gewoon. We komen erop terug.'

Hij vraagt me hoe het met schrijven gaat, of mijn rechterhand al meer doet wat hij moet doen. Hij wijst op de lijst en zegt: 'Dit is best redelijk, toch?'

Best redelijk. Misschien. Ik zie waar ik ben uitgeschoten, de letters die niet goed zijn gegaan, de onaffe woorden. Maar ik denk vooral aan het tempo. Ik heb hier twee weken over gedaan, twee weken steeds een woordje, steeds een stukje, steeds opnieuw wat letters achter elkaar, aan tafel, zittend, niemand om me heen, geconcentreerd. Voordat ik die hersenbloeding kreeg, had het mij maximaal een kwartiertje gekost om de hele lijst in te vullen.

Wachtend op de taxi voel ik me somber. En moedeloos. Ik wil naar huis. Ik wil verdwijnen in de lakens. Ik wil oplossen in het niets.

Woorden

Ik zak in de stoel die voor de kamer van de logopediste staat. De taxirit, van mijn huis naar het revalidatiecentrum, de fysiotherapie, de lift naar de vijfde etage en het lopen naar haar kamer waren te veel geweest. Vroeger had ik dit soort zaken niet eens opgemerkt. Nu ben ik blij dat ik te vroeg ben, dan kan ik nog tien minuten uitrusten.

Als ik aan de beurt ben, loop ik naar binnen, zeg haar gedag, maar ga niet zitten. Ik blijf staan. Ik wil haar iets zeggen. En daarvoor moet ik blijven staan. Niet uit koppigheid of vastberadenheid, maar omdat ik anders niet meer weet wat ik moet zeggen of wat haar antwoord is.

Ik wil praatoefeningen doen. Want ik slik delen van woorden in, ik brei woorden aan elkaar die niet aan elkaar horen en ik slis. De logopediste die mij thuis had bezocht, had hiervoor oefeningen met me gedaan, waardoor het beter werd. Maar ik vind het nog lang niet goed genoeg. Dat zeg ik haar en ik ben bijna trots als ik klaar ben. Ik heb het aan één stuk gezegd, zonder haperingen, zonder te vergeten waarover ik het zou moeten hebben.

De logopediste kijkt me aan. Ze zegt dat ik moet gaan zitten. Maar dat wil ik niet. Ik wil haar antwoord staand afwachten, zo bang ben ik dat ik anders vergeet waar we het over hadden. Maar zij zegt streng dat ik moet gaan zitten. Ik gehoorzaam. Maar inwendig ben ik boos. Ik voel me een kleuter.

Zij zegt mij dat ze liever geen oefeningen doet om het slissen te verminderen en de motoriek van mijn mond te verbeteren. 'Mensen raken gefrustreerd van het oefenen, omdat het meestal niet helpt. Slechts zo'n vier procent van de mensen heeft er iets aan. En dan nog duurt dat in veel gevallen vaak niet lang. Het slissen bijvoorbeeld komt dan gewoon weer terug. Ik geef de oefeningen niet meer, omdat het valse verwachtingen wekt.'

Maar ik wil ze wel. Ik moet bij die vier procent horen. En als het slissen dan terugkomt, doe ik de oefeningen toch opnieuw? In elk geval wil ik het proberen. Het kan me niet schelen als zou blijken dat ik de oefeningen voor niets had gedaan. Frustrerend was niets proberen, niet-frustrerend was het om te oefenen in de hoop dat het beter zou worden. Ik zeur als een klein kind. De logopediste zucht. Ze geeft het op. 'Ik doe die oefeningen niet met je, maar ik kan je ze meegeven,' zegt ze. 'Verwijt het me alleen niet als het niets wordt.' Ze geeft me uiteindelijk drie velletjes met zinnen als 'Liesje leerde Lotje lopen' en 'De kat krabt de krullen van de trap'. Ik ben er zo blij mee alsof ik een cadeau heb gekregen.

Gymmen

Ik zit op een bal, een blauwe bal. Ze hadden ze ook in het rood en het zwart, maar deze leek goed. Niet te groot, niet te klein. Ik ben in een gymzaal. Aan de zijkanten staan bankjes, daarachter zijn de kleedruimtes en aan de andere kant is de fitnessruimte van het revalidatiecentrum.

Daar moet ik op de donderdag zijn. Dan staat er een half-uur fitness op het programma en moet ik oefeningen doen, fietsen op een hometrainer en lopen op een loopband. Vorige week had ik geprobeerd te rennen op de looptrainer. Dat maakte een raar geluid. Links is het geluid van het neerkomen van een normale voet, rechts dat van het neerkomen van een klapvoet. Als ik moe word, dat is na minder dan een halve minuut, klinkt de klapvoet harder en onregelmatiger. Ik was gestopt. Ik had het gevoel dat ik de mensen die aan het sporten waren – heel rustig en langzaam – had gestoord.

Ik kijk rond. De gymzaal is leeg. De spullen zijn opgeruimd. Het plafond is heel hoog, ik voel me klein in deze ruimte. Ik wacht op de gymjuf. Ze zei dat ze zo zou komen.

Ze had net een soort pilates gegeven. Ze was jong en heel fit en getraind. Ik werd een beetje moe van haar. Met een paar andere vrouwen had ik de les gevolgd. De meesten waren net zo oud als ik of jonger. Eén vrouw zat nog in het revalidatiecentrum, de anderen kwamen poliklinisch.

Er was een jonge vrouw bij, een meisje eigenlijk nog, die op een dikke mat, zittend, haar oefeningen had gedaan. Vaak was het haar te veel geworden. Dan legde ze haar handen op haar rollator, die naast de mat stond. Ze legde haar hoofd op haar handen en zuchtte diep. Na een paar minuten ging ze weer verder. Na de les had ze verteld dat ze het afgelopen jaar heel veel kleine beroertes had gekregen. Of het nu was afgelopen, wist ze niet. Ze wachtte de onderzoeken af, zei ze. Ze liep met haar rollator weg. Moeizaam en langzaam. Ze was hooguit twintig jaar.

De gymjuf is er. Ze gaat oefeningen met me doen om te zorgen dat mijn rugpijn wat afneemt. Omdat er heel wat is veranderd aan hoe ik sta en loop, doen mijn heupen en mijn rug pijn. De lerares dacht dat oefeningen 'wel wat zouden helpen'. Daarnaast zou het goed zijn om mijn lijf weer wat in beweging te krijgen. Ik beweeg als een oude vrouw. Licht gebogen en een beetje scheef. En mijn botten kraken. Of dit weg zou gaan, betwijfelde ze. 'Maar het kan geen kwaad het te proberen.'

Ze gaat tegenover me staan en pakt een vrij grote bal. Groter dan een voetbal, kleiner dan een strandbal. Die gooit ze, een stuk of tien keer. Het is een concentratieoefening op zich, zeker het vangen met twee handen. Als ik me daarop richt, kan ik nauwelijks blijven zitten. Vooral als de lerares een kleinere bal uitkiest. Zitten op de bal kan ik alleen als ze zacht en recht gooit. Nog tien keer doet ze het. Dan stoppen we. Ik ben op. Ik steek alleen een hand op terwijl zij vrolijk 'Tot volgende week' zegt. De rest van de middag zit ik bij logopedie en ergotherapie zonder er echt bij te zijn. Van tien minuten extra oefeningen doen ben ik doodop.

Grappig

Het is grappig bedoeld. Maar niemand lacht als de vrouw van een jaar of zestig klaar is met het voorlezen van het stukje. Het is een Ikje van de achterpagina van NRC *Handelsblad*. De logopediste die spraaklessen aan deze afasiegroep geeft, had het stukje uitgedeeld. Het gaat over een organisatie voor mensen met een lichamelijke of verstandelijke handicap. Die organisatie heet 'MEE'. Zo is er MEE Groningen, MEE Rotterdam of MEE Utrecht. Maar er is ook MEE Leiden. 'Bij dat laatste,' leest ze voor, 'moet ik altijd even gniffelen.'

Maar de vrouw die voorlas, lacht niet. Ze kijkt net zo serieus als ze toen ze begon. Het blijft stil. 'En,' vraagt de logopediste, 'wat vind je ervan?' De vrouw kijkt haar aan. Ze gaat met een hand door haar grijze, korte haar. Haar andere hand ligt op haar knie. Ze haalt denkbeeldige pluisjes weg. 'Nou?' De logopediste wil dat de vrouw ziet dat het samenvoegen van MEE en Leiden in het gehoor tot meelijden leidt. En dat dat in dit verband grappig is. De vrouw zucht. 'Tja,' zegt ze, 'het is een organisatie die MEE heet. En in Leiden dus MEE Leiden. Moet ik daar wat van vinden?'

Er komt geen 'o ja' of een 'och, best grappig-gevoel' bij de vrouw los. Haar gezicht blijft in de plooi. Ze snapt niet wat er staat en ze begrijpt al helemaal niet waarom ze dit verhaaltje moest voorlezen. Ze zucht nog een keer.

Op het oog zie je niets aan de vrouw en waarschijnlijk zul je de eerste paar minuten dat je met haar praat niets aan haar merken. Maar dan, als je haar vragen stelt, raakt ze in de war.

Dan wordt pijnlijk duidelijk wat het infarct bij haar teweeggebracht heeft. Vorige week had ze nog ruzie met haar man gemaakt. Die had toen hun kleinkind kwam logeren gezegd dat 'hun zoon en schoondochter de bloemetjes buiten gingen zetten'. Zij had niet begrepen wat bloemetjes te maken hadden met uit eten gaan, luieren en uitslapen. 'En eigenlijk begrijp ik het nog steeds niet.'

Ze zegt het wanhopig en kijkt de logopediste aan. 'Het lijkt op nu. U kunt me honderd keer vertellen dat het grappig is wat ik zojuist gelezen heb, maar ik zie het niet. U kunt mij ook duizend keer vertellen dat er twee betekenissen van het woord zijn; ik zie er maar één.' Dan zegt ze opeens fel: 'Ik ben eigenlijk altijd opgewekt. Dan kunnen jullie hier, of mijn man thuis, wel doen alsof er een probleem is, maar als ik dat niet zie, is er eigenlijk geen probleem.' Ze wendt haar gezicht af. Ze spreekt niet meer.

De vrouw neemt deel aan de afasiegroep van het revalidatiecentrum. De groep bestaat uit vier mensen: de boze vrouw, een ogenschijnlijk in niets geïnteresseerde man van een jaar of vijftig, een zeventigjarige man die driftig probeert iets te typen op zijn typemachientje voor mensen met spraakproblemen en ik.

De vrouw kijkt nog altijd boos. De vijftiger slaat met zijn hand hard op tafel en zegt: 'Dat is net zoiets als ik had.' Hij begint te vertellen over het over de markt rijden in een scootmobiel. 'Er was geen plek, geen ruimte, ik kon gewoon godverdomme niet doorrijden.'

Ik weet niet wat het te maken heeft met waar de vrouw boos over is, maar zij lijkt blij te zijn iemand gevonden te hebben die ook boos is. Zij kijkt hem aan en zegt: 'Ze snappen je niet.' De man knikt. 'Er zijn een heleboel domme mensen.' Als hij opnieuw wil beginnen met een tirade grijpt de logopediste in. Hij houdt op. Maar hem bij het gesprek betrekken, lukt niet. Hij kijkt naar buiten en doet niet meer mee.

De oude man, die niets door lijkt te hebben van wat zich afspeelde, wil iets zeggen. Tenminste, daar lijkt het tikken op tafel en het wijzen naar het papiertje dat uit zijn toetsenbord komt op. Hij houdt bijna triomfantelijk het velletje papier omhoog met daarop de woorden 'ik weet het niet'. Hij wijst op het blaadje met het Ikje, dan op de getypte zin. Hij houdt pas op met wijzen als de logopediste er aandacht aan schenkt. 'Het is goed. Je hebt het in ieder geval gelezen. Rust nu maar uit,' zegt ze met een rustige stem. De man lijkt tevreden. Hij leunt achterover en glimlacht.

Het is een raar gezelschap. De zogoed als altijd opgewekte vrouw, de man die vroeger vast macho was, maar nu vooral boos op iedereen, en de man die een halve les nodig heeft om de deprimerende zin 'ik weet het niet' te tikken. En ik. Ik weet niet wat ik moet doen of zeggen. Ik heb geglimlacht bij het Ikje. Maar alleen een beetje, want het duurde lang voordat ik het snapte. 'Ik zag je lachen. Vond je het leuk?' De logopediste heeft rechtstreeks tegen me gesproken en ik schrik. Ik was er niet echt. Misschien als toeschouwer, maar zeker niet als deelnemer. Ik kijk haar verbaasd aan. Ik moet zeggen wat ik van het stukje vind. Maar dat weet ik eigenlijk niet. Ik weet dat ik me niet prettig voel in deze groep. De agressie van de man, de boosheid van de vrouw en de vriendelijke zachtheid van de zeventigjarige man komen mij de keel uit. Ik wil hier niet bijhoren. Ik wil naar de normale-mensen-wereld.

'Vond je het Ikje leuk?' herhaalt de logopediste. Ze lijkt niet van plan het op te geven. Tja. Nu ze ernaar vraagt, komt het terug. Langzaam. Maar het is alsof ik het me herinner van lang geleden. Van zeker tien jaar terug, terwijl het minder dan vijf minuten geleden voorgelezen is.

De logopediste vraagt me aan het einde van de les even te blijven. 'Je bent de beste uit de groep. Aan de ene kant zou ik zeggen dat je hier niet aan mee hoeft te doen, aan de andere kant wil ik graag dat je juist wel meedoet. Vorige week was je toch weer langzaam. En ook nu heb ik het idee dat het even duurt voordat mijn vragen jou bereiken.'

Ze doelt op het kaartspel vorige week. We moesten een kaart pakken waarop een foto van iemand stond, en zonder diens naam te zeggen de persoon beschrijven.

Er was bijvoorbeeld een kaart met de foto van de toenmalige prins Willem-Alexander toen hij in Den Haag naar school ging, of van prins Claus in de jaren tachtig. Ik had er een met een foto van Beatrix – toen net koningin.

Ik had de kaart gepakt en me afgevraagd waarom niemand in dit gebouw voor nieuwe kaarten kon zorgen. Hoe moeilijk kon het zijn? Rond Koninginnedag waren ze bij elke tabakswinkel te koop. Daar bleef ik hangen. Toen de logopediste me vroeg hoe ik haar zou omschrijven – was het een koningin die dicht bij de mensen stond of door haar status juist afstand schiep, een gastvrouw met strakke of juist losse regels – had ik zeker een halve minuut nodig om te weten waarom ik hier met die kaart in mijn hand zat. Het voelt als onverwachts wakker worden. Je hebt tijd nodig om te snappen waar je bent en waarom. En je beweegt wat onzeker in het rond.

De logopediste zegt het nog een keer. Ze wil dat ik de lessen blijf volgen. 'In de hoop dat je wat sneller wordt. En dat je je meer op je gemak voelt bij het praten.' Ik kijk haar aan. Ik zeg dat ik blijf. Maar ik weet niet of dat mij enigszins zal helpen.

Zwemmen

Elke week gaan mijn vriendin Marlies en ik zwemmen. Er is een gemeentelijk zwembad bij mij in de buurt, maar Marlies komt me halen met de auto. Het is nog geen tien minuten fietsen, maar ik vind dat te ver.

Vanavond zit ik weer bij haar in de auto. Het is opvallend hoe goed ze eruitziet, zeker vergeleken bij mij. Ze is fit, slank, goedgekleed, mooi opgemaakt. Ik zie eruit als een zandzak. Te dik, kleren – een joggingbroek en een capuchontrui – als een zak om me heen en geen make-up. En, het ergste: mijn gezicht staat scheef. Nog steeds.

Niet meer zo erg als in het ziekenhuis. Toen was het alsof de rechterkant van mijn gezicht naar beneden werd getrokken, en mijn rechteroog stond wijd open. Ik had het bekeken, meer nieuwsgierig en keurend dan dat ik het erg of pijnlijk vond. Het was alsof het om iemand anders ging, niet om mezelf.

Nu is het anders. Het is bijna niet meer te zien, maar ik vind het vreselijk dat er iets is veranderd. Als ik moe ben, net wakker of veel moet praten, zie je het het meest. Dan hangt de rechterkant van mijn mond een beetje naar beneden. Mijn oog is nog een beetje groter, maar ook dat zie je vooral als ik net wakker ben.

Nu het beter met mij gaat, wil ik niet dat mensen kunnen zien dat er iets is gebeurd. En ik wil het zelf niet meer zien. Ik wil weer gewoon zijn. Onopvallend. *One of a million*. De spiegel ga ik zoveel mogelijk uit de weg. Omdat het pijn doet om een verandering te zien. Vermijden is het makkelijkst.

Marlies vraagt me hoe het gaat. Ik lach, en duw mijn gedachten weg. Het gaat goed, lieg ik. En zij? Haar werk, kind, thuis? Gelukkig gaat ze erop in en vertelt over haar dochtertje en haar werk. Ik ontspan. Luisteren naar anderen is makkelijker dan iets over mezelf te vertellen. Omdat ik niet wil weten wat er met me aan de hand is. En omdat ik vaak niet de goede woorden kan vinden.

In het zwembad voel ik me bejaard. Ik hink een beetje met mijn rechtervoet. Ik wil dit niet en probeer hem goed neer te zetten. Het lukt niet. Marlies staat buiten de kleedkamers al op me te wachten. Helemaal klaar, spullen in het zwemhokje, handdoek over haar schouder. Ik vraag me af hoelang ze er al staat. Maar ik zeg het niet, ik ben te druk bezig mijn kleren in het kleedhokje te doen, vijftig cent te vinden en het kastje af te sluiten. Langzaam loop ik naar de rand van het zwembad, ga het trapje voor de gehandicapten af – ernaast is het trapje voor de normale mens en dat is te moeilijk voor mij – en kom in het water terecht.

Het water is warm en het voelt alsof de zorgen van me af spoelen. Samen zwemmen we een baantje. En nog een. We kletsen, en lachen. Hier zie je het niet aan mijn been of arm. Ik zwem zoals de anderen dat doen. Even ben ik normaal.

Vakantie

Peter en ik zitten op een terras aan zee in Mallorca. We zijn hier voordat ik naar het ziekenhuis ga om het foutje in mijn hoofd weg te laten halen.

Ik heb Julie op schoot. Ze kijkt naar een rammelaar die op de tafel voor ons ligt. Ze probeert hem te pakken, wat tot haar plezier lukt. Ik kijk naar haar en verbaas me erover hoe snel de tijd gaat. Vijf maanden is ze nu. Vijf maanden waarin ze zo hard is gegroeid, een tandje heeft gekregen, een beetje vast voedsel is gaan eten. Vijf maanden waarin ze op haar buik is gaan liggen en liggend op de grond speelt. Ik aai over haar wang. Zij lacht.

We hebben witte wijn besteld. De zon zakt langzaam in de zee. Er varen wat boten langs. Op het strand speelt een jongen met een vlieger. Een man staat bij het water en kijkt over zee. Ik kijk naar Peter. Hij kijkt terug. En glimlacht. Ik glimlach ook. Vanmorgen zijn we met de bus naar Las Palmas geweest. We hebben wat met de wagen rondgelopen, wat rondgekeken en geluncht en zijn weer naar het appartement gegaan. Ik heb Julie in bed gelegd. Wij zijn samen naar de andere slaapkamer gegaan, man en vrouw. We vielen dicht tegen elkaar aan in slaap.

Nu zitten we hier. We kijken naar elkaar. We kijken naar Julie. Er is de drang om te voelen dat alles weer goed komt. We zijn hoopvol, optimistisch, misschien tegen beter weten in. Maar we zijn positief. De mantra 'alles komt goed' suist door mijn hoofd. We zeggen niets. Het is even zoals het zou moeten zijn.

Bestraling

Ik zit rechtop in het bed in het VU Medisch Centrum in Amsterdam. Vanmorgen in de auto zei ik dat het al zomer leek, zo zacht was het 's nachts geweest. Ik moet er weer aan denken als ik door het raam de zonnestralen zie. Het is nog lente. Het duurt nog bijna een maand voordat de zomer zich aandient.

Ik heb een operatiehemd aan. Pijnstillers geslikt. Ik wacht op de neurochirurg. Het is acht uur 's morgens.

Vandaag wordt de vaatkluwen in mijn hoofd behandeld. Hij zit op een plek in mijn hoofd die niet te opereren valt. Daarom krijg ik een bestraling. Hierna moet ik twee jaar wachten om te weten of het gewerkt heeft. 'Er is niets wat u kunt doen,' hadden ze in het ziekenhuis gezegd, 'en niets wat u niet kunt doen. Behalve trompet spelen en ballonnen blazen.'

De vaatkluwen zit één tot anderhalve centimeter links van het midden. Hij zit diep in mijn hoofd. Op foto's lijkt het alsof er kortsluiting in een elektriciteitssnoer is geweest. Soms is zo'n plekje na de bloeding dicht, soms niet. In dat laatste geval moet je behandeld worden.

De vaatkluwen zit er al mijn hele leven. Toen ik in de baarmoeder zat, is hij ontstaan tijdens het aanleggen van de slagaders en aders.

De neurochirurg van het Amsterdamse ziekenhuis had gezegd dat ik eigenlijk geen keus had. 'Als u hier op uw vijfenzeventigste met hetzelfde probleem komt, zeg ik dat u er goed over na moet denken of u deze behandeling wel wilt. Maar gezien uw leeftijd is dit de enige optie.'

De neurochirurg komt binnen. Hij zegt goedemorgen, hij herhaalt de gevaren van de bestraling, hij zegt nogmaals iets over de pijn. Hij kijkt me aan en zegt: 'We gaan beginnen.' Ik sluit mijn ogen.

DEEL II

Overleven

De angiografie

Ik lig op een operatietafel. Boven mijn hoofd is een koker, zo'n zes keer groter dan mijn gezicht. In mijn bed ben ik naar de behandelkamer gereden. Twee mensen – een radiologisch laborant en een radioloog – hebben me op de tafel voor de angiografie gelegd. Twee jaar geleden lag ik ook hier in het VU medisch centrum in Amsterdam. Het was een halfjaar na de hersenbloeding. Toen werd gepoogd de vaatkluwen die de bloeding had veroorzaakt met een bestraling af te sluiten. Nu wordt gekeken of dat gelukt is.

Ik lig op mijn rug en zie felle lampen, beeldschermen en het vriendelijke, maar serieuze gezicht van de radioloog. Hij legt kort uit wat hij gaat doen. Via mijn rechterlies brengt hij een dun slangetje in mijn slagader. Dat komt uit in mijn linkerhersenhelft, want de bloedvaten lopen diagonaal. Hij spuit via een katheter contrastvloeistof in de bloedbaan.

'Dan kunnen er foto's genomen worden.' Hij wijst op de koker boven mijn hoofd. 'Dit is de fotocamera. Daarmee kunnen we zien of de AVM – de arterioveneuze malformatie – afgesloten is. Of,' verduidelijkt hij, 'dat er geen bloed meer loopt door de vaatkluwen.'

Een vaatkluwen in mijn hoofd. Hij was er al toen ik nog in de baarmoeder zat. Maar totdat dit gebeurde heb ik me nooit kunnen voorstellen dat ik zoiets als een misvorming van mijn aders en slagaders kon hebben. Er zijn jaarlijks zo'n duizend mensen in Nederland die tussen hun twintigste en vijftigste een hersenbloeding of -infarct krijgen, met heel verschillende uitkomsten.

Zo ken ik een vijfendertigjarige vrouw die rechts is getroffen, vierentwintig uur na de geboorte van haar dochtertje, en die nu, vier jaar later, nog nauwelijks kan lopen en haar linkerarm niet meer kan bewegen. Maar ze heeft geen enkele last van haar spraak. Wel vergeet ze veel.

Ik ken ook een achtenveertigjarige vrouw die links getroffen werd door een herseninfarct. Lichamelijk heeft zij niets. Maar haar spraak en geheugen zijn ernstig aangetast. Voor haar vroegere liefhebberijen, zoals muziek en literatuur, heeft ze geen belangstelling meer. Er is niets voor in de plaats gekomen. Communiceren met haar is lastig. Nooit stelt ze vragen. Vaak zegt ze niet wat ze bedoelt. Haar interesse in haar oude vriendschappen lijkt nihil, alleen haar kinderen weten haar aandacht te trekken. Maar alleen bij grotere gebeurtenissen, zoals wanneer ze aan het einde van het schooljaar overgaan, of wanneer ze met een sport stoppen of aan een nieuwe beginnen. De kleinere, meer alledaagse dingen lijken aan haar voorbij te gaan.

Ik werd links getroffen. De linkerhersenhelft stuurt de rechterkant van het lichaam aan. Daarom is mijn rechterkant aangetast. Het gebruik van mijn rechterbeen en -arm gaat moeilijker en minder gecoördineerd dan het gebruik van mijn linkerbeen en -arm.

Daarnaast zijn mijn taalgebruik en geheugen aangetast. Dit is al veel minder dan de eerste weken na mijn hersenbloeding. Ik heb alleen nog problemen met het kortetermijngeheugen – nooit met het langetermijngeheugen – als ik twee dingen tegelijkertijd doe of erg moe ben. Ook het spreken gaat beter. Maar ook hier geldt dat ik niet te veel tegelijkertijd moet willen. En ik praat nog steeds langzamer en mijn taal is minder rijk. 'Mevrouw Van Gennip? Heeft u me gehoord?' De radioloog zegt het enigszins streng: 'Stil blijven liggen. Straks weten we het.'

Vier schroeven

Ik herinner me de vorige keer in dit ziekenhuis, twee jaar geleden. Die dag staat in mijn kapotte geheugen gegrift. Toen werd met radiotherapie gepoogd mijn hoofd weer gezond te maken.

De bestraling werd toen gedaan door een radiotherapeut, de radiologisch laboranten waren onder meer verantwoordelijk voor de angiografie en ct-scan. Voor de berekeningen van de plek en de hoeveelheid van de bestraling werd een radiotherapeutisch laborant ingezet.

Die dag van de bestraling begon met een heldere, strakblauwe lenteochtend. Ik weet nog dat ik in de auto grappen probeerde te maken, om alles wat luchtiger te maker. Ze lukten niet. Ik kwam niet uit mijn woorden. Na drie keer gaf ik het op. We waren de rest van de weg stil.

In het ziekenhuis moest ik een operatiehemd aantrekken, in bed gaan liggen en wachten op de arts. Om tijd te doden en zijn nervositeit te verbergen vertelde Peter dat hij naar de kapper in het ziekenhuis ging. 'Dan laten we tegelijkertijd iets aan ons hoofd doen.' Hij lachte hard en ongemakkelijk.

De arts kwam binnen. Hij was jong, zijn lange haar zat in een staart en hij was vriendelijk. Hij legde de procedure uit. De laborante en hij zouden beginnen met het vastzetten van de stereotactische ring, een metalen cirkel die met vier schroeven op het hoofd wordt vastgezet. Hij wees op mijn hoofd. 'Hier moeten we hem vastmaken.' Hij had gewaarschuwd voor de pijn die het zou doen. Hij keek me aan en vroeg of ik het begrepen had. Ik antwoordde luchtig, en niet passend bij de situatie: 'Ja hoor, prima.'

De neurochirurg in opleiding wisselde een blik van verstandhouding met Peter. Het was alsof de manier waarop Peter die blik beantwoordde voor de neurochirurg meer betekende dan mijn 'prima'? Ik hield mijn mond. Ik wist dat ik iets zei wat net niet klopte en ik wist dat ik anders overkwam dan ik bedoelde, ik wist alleen niet hoe ik het anders moest zeggen of hoe ik moest uitleggen dat ik wel doorhad dat het hier om een ernstige situatie ging.

Tijdens het eerdere gesprek met de arts, voorafgaand aan de bestraling, was hetzelfde gebeurd. Ik had geconcentreerd geluisterd toen de dokter ons had verteld over de bestraling, de risico's op een achteruitgang van de spraak en verdere verlamming van been of arm en het slagingspercentage van zo'n vijfentachtig procent. Toen had ik mijn vragen gesteld, en hij had geantwoord. Daarna had ik nóg een vraag gesteld, die ik kort daarvoor ook al had gesteld, maar dat wist ik niet meer.

Hij had me aangekeken. Maar hij zag niets aan mij wat erop wees dat ik hem begreep. Ik had de blik van iemand die op een antwoord wachtte. Hij had toen ook naar Peter gekeken, met diezelfde blik van verstandhouding. Het ging om mij, maar ik stond erbuiten.

Ik weet nog dat ik verdrietig werd. En verward. Want ik wist werkelijk niet dat ik mijn vraag al eens had gesteld. Op het moment dat ik daar iets over wilde zeggen, wist ik ook niet meer over welke vraag het ging. Ik voelde me klein, onbegrepen en machteloos.

Ik wilde het uitleggen. Bij het weggaan wees ik Peter op de muren van de ziekenhuisgang waar we doorheen liepen.

Ik zei: 'Deze muur is wit. Maar stel dat iedereen je vertelt dat deze rood is. Na lang nadenken accepteer je dat. Want je weet dat je een eenling bent als je volhoudt dat de muur wit is. Maar het gevoel blijft dat het niet klopt. Als je er nog een keer over wilt beginnen, weet je niet meer of volgens de anderen de kleur van de muur nu rood of wit was.'

Ik was opeens opgetogen. Zo duidelijk had ik het nog niet eerder uitgelegd. En zoveel woorden achter elkaar zei ik nauwelijks meer. Maar Peter had een verbaasde en bezorgde blik in zijn ogen en zei niets. Dus hield ik mijn mond. Weer.

Net als nu. Ik wilde wel, maar het ging te snel. Terwijl de arts en Peter elkaar kennelijk meteen begrepen. Door een paar woorden en een blik wist de arts dat hij kon beginnen. Het ging over mij, maar ik deed niet echt mee. Peter ging weg, naar beneden, naar de kapper. De arts begon.

Ik maakte geen geluid toen hij met een speciale schroeven-draaier de pinnetjes door mijn hoofdhuid tegen het schedel-bot aan schroefde. Eén, twee, drie, zo tellend probeerde ik de pijn onder controle te houden. Als ik het tot vijf volhield, dan kon ik het ook tot tien uithouden. En ga zo maar door. Zo had ik het bedacht, zo kon ik het aan. Maar het lukte niet. Ik vergat vrijwel meteen dat ik moest tellen, ik zweette en rilde. Mijn tanden en kiezen zaten stijf op elkaar, mijn han-den waren vuisten. De pijn voelde als het hard stoten van het scheenbeen tegen de punt van een bijzettafel. Alleen, dat gevoel duurt maar even, en niet, zoals nu, net zolang tot de pinnetjes waren vastgeschroefd. Toen de pijn over de climax heen was, blies ik mijn adem weer uit en maakte een vreemd geluid. Het was een jammerlijk gekreun.

Op mijn voorhoofd zie je nog steeds, als je goed kijkt, twee littekentjes. De twee andere littekens zijn niet te zien. Die zitten op mijn achterhoofd.

De stereotactische ring bestaat, behalve uit de ring zelf, uit vier pijlen die het geraamte vormen. De ring of het frame zit ter hoogte van de mond. De ring weegt nog geen anderhalve kilo, maar na een paar uur is het alsof je een loodzwaar gevaarte meezeult op je hoofd.

De verdere dag bleef de stereotactische ring om mijn hoofd zitten. Tijdens een angiografie en een CT-scan werd mijn hoofd vastgeklonken om de exacte plek van de AVM te bepalen.

Een machteloosheid maakte zich van mij meester toen ik werd vastgeklonken. Ik kon niets meer zeggen en niets meer doen. Ik onderging het.

Daarna werd ik teruggereden naar mijn kamer. Ik viel in een diepe slaap. Ik weet nog dat ik wakker werd toen mijn oudste zus langskwam. Ze had een grote bos bloemen bij zich. Ze kwam tijdens haar werk. Strak in het pak. Ik dacht: typisch mijn zus. Als ze iets doet, doet ze het goed. Maar ik zei niets. Alleen 'hoi'. Ik was te versuft door de medicijnen. Ik herinner me wel de schrik in haar ogen: haar zusje ineengekrompen, ver weg en met dat stalen geraamte in haar hoofd geschroefd. Maar iets zeggen om haar gerust te stellen, kon ik niet.

Aan het eind van de middag volgde de bestraling. De middag was door laboranten besteed aan het berekenen van de hoeveelheid straling. Ook de precieze plek was van belang. De bestraling mocht alleen op de AVM terechtkomen. Andere plekken, zoals de oogzenuwen, moesten zoveel mogelijk worden vermeden.

Ik werd een zaal binnen gereden op verdieping min twee van het ziekenhuis. Ik herinner me de behandeling maar vaag, zo suf en lamgeslagen was ik door de uren ervoor. Toen ik later naar het ziekenhuis terugging om de ruimte nog eens te bekijken, zag ik een witte, lichte zaal. Het bestralingsapparaat stond in het midden. Het was geen extreem grote zaal, zoals ik me herinnerde. De ruimte was ook niet beangstigend of overweldigend. Ik herinnerde me grote schermen waardoor de laboranten en de radiotherapeut mij konden zien. Dat scherm is er, maar het is meer een klein venster. Ik herinnerde me ook dat de zaal vol stond met computerschermen, grote en kleinere. In werkelijkheid was er wel een computer, maar die stond netjes op een tafeltje aan de zijkant van het bestralingsapparaat.

Een van de twee aanwezige laboranten zette de kap met coördinatoren bij mij op. Toen het apparaat goed was ingesteld, mocht de kap weer af. De laboranten verlieten de zaal en verdwenen achter het glas. De bestraling kon beginnen. Het bestralen zelf duurde maar vijf minuten. Een laborante kwam bij me staan. 'Het is over,' zei ze, en ze maakte me los.

De laborante reed me terug naar mijn kamer. De arts kwam binnen. Hij zei: 'Nog één keer.' Ik zei niets meer. De laborante hield de ring vast. De arts schroefde hem los. Toen nam hij de ring van mijn hoofd. Hij zei vaderlijk: 'Je kunt gaan. Probeer uit te rusten.'

Mankementen

Nu, twee jaar later, ben ik weer in het vu-ziekenhuis en gaan de artsen kijken of de bestraling effect heeft gehad. Die twee jaar zijn nodig omdat het om een langzaam proces gaat, waarbij gaandeweg de avm moet dichtgroeien.

Het lijkt alsof hier zijn, wachten op de uitkomst, mij scherper doet beseffen wat er gebeurd is.

Een jaar geleden had ik een gesprek met de uwv-arts die moest bepalen of ik weer aan het werk kon. Peter ging mee, in mijn eentje durfde ik het nog niet aan. Het was frustrerend en ontmoedigend. Ik weet nog dat ik mee naar boven liep, snel en redelijk soepel voor mijn gevoel. Boven zei de arts: 'Je been is niet goed, dat is wel duidelijk. Je arm ook niet. Voor de rest gaan we eerst maar eens zitten.'

Ik voelde mij betrapt dat hij het gezien had. Voor mijn gevoel had ik snel en goed gelopen. Het was toch nauwelijks zichtbaar? Hoe kon hij gezien hebben dat ik moeite had met bewegen? Achteraf vroeg ik Peter ernaar. Zijn antwoord was ontluisterend. 'Het valt op. Wen er maar aan.'

Sindsdien voel ik me onzeker: ik weet dat mensen mijn mankementen kunnen zien, en ik schaam me daarvoor. Alsof ik iets heb wat niemand mag weten. Maar ondertussen kan iedereen het zien, alsof ik bloot ben en op het midden van een dorpsplein sta.

Ik voelde mij onbegrepen bij de uwv-arts. Hij vroeg hoe het met mij ging en ik vertelde trots dat ik weer schreef. Op de computer, veelal met links, maar ik schreef. 'Soms zit ik 's middags zomaar te tikken. Over welke vorderingen ik heb gemaakt of, gewoon, wat er gebeurd is. Of over Julie, welke geluidjes ze heeft gemaakt, of welke tandjes ze heeft gekregen,' zei ik hem trots alsof ik met belangrijk werk bezig was.

Hij vroeg me, voorzichtig en naar Peter kijkend, hoe vaak ik dit deed. Ik dacht na. Lang. Toen moest ik hem zeggen dat het twee of drie keer per maand was en dat ik nog geen kantje vol had.

'Het is goed om te schrijven als oefening, maar er wordt verder niets van je verwacht,' zei de arts voorzichtig. 'Doe rustig aan, we hebben de Ziektewet niet voor niets,' voegde hij daar geruststellend aan toe. Toen zag ik dat vooral als onbegrip van hem. Nu zie ik dat hij gelijk had. Hij had de grote verandering in mijn leven benoemd. Ik deed niet veel, maar het voelde als een ongelooflijke opgave.

Gereutel

De radioloog zegt dat ik stil moet liggen. Hij is achter het glas vandaan gekomen en bij me komen staan. Hij zegt dat ik een soort flits kan verwachten, die vaak tot hoofdpijn leidt. 'Maar dat gaat over.' Ik doe mijn ogen dicht en denk aan Peter.

Een paar maanden geleden vroeg ik hem mij het verhaal van de eerste uren en dagen na de hersenbloeding te vertellen. Ik kon mij daar niets van herinneren, want ik was buiten bewustzijn. Natuurlijk wist ik momenten, die waren mij verteld, maar ik wilde het verhaal in één keer horen. Peter had er moeite mee gehad omdat het, zo zei hij, 'alles weer oprakelde'. Toch had hij het gedaan.

De dag dat ik mijn hersenbloeding had gekregen was ik 's morgens in het Haagse Bronovoziekenhuis geweest. Daar was getest of ik zwangerschapsdiabetes had. Tussen het innemen van de glucose en het testen van het bloed zat twee uur. Twee uur waarin ik, zittend in de wachtkamer, geslapen had. Ik vond het vreemd, maar ik had mij de dag daarvoor bij mijn werk ziek gemeld wegens beginnende griepklachten. En, zo beredeneerde ik, het zal de zwangerschap wel zijn.

Zo stelde ik ook Peter gerust toen ik hem sms'te. Eenmaal thuis ging ik weer slapen, en toen ik om vier uur 's middags wakker werd, voelde ik me iets beter. Dat vertelde ik Peter aan de telefoon. We hingen op, en ik ging naar de wc. Vanaf dat moment weet ik niets meer.

Peter had gegeten met een vriend. Ik had niet op zijn sms'jes gereageerd, wat niets voor mij was. 'Ik probeerde je een paar keer te bellen. Toen je steeds niet opnam, voelde ik dat er misschien wel iets heel erg fout kon zijn. Ik heb er in totaal hooguit een kwartier over gedaan om thuis te komen, maar het voelde als uren. Het was halfnegen. Er brandde geen licht. Het was herfst en dus al helemaal donker. Ik riep je. Twee, drie keer, maar er kwam geen reactie. Ik rende naar boven, want daar was licht aan, en daar lag je. Languit voor de wc. Met naast je het boek *Zwanger*, geopend bij een afbeelding van een echo van een baby van achtentwintig weken.

Weer zei ik je naam, maar je reageerde niet. Je lag op je rechterzij, langs je mond liep vocht en wat bloed, en je ademde heel zwaar. Je probeerde iets te zeggen, maar het was een soort gereutel. Toen zag ik het: je gezicht stond verkeerd. Helemaal scheef aan een kant. Ik wist dat het erg was, maar aan een hersenbloeding dacht ik niet. Dat was onmogelijk.

De ziekenwagen kwam voor mijn gevoel uren later. Waarschijnlijk was het vijf minuten. De ambulancezuster keek naar je en zei: "Meneer, ik denk dat uw vrouw een hersenbloeding heeft." Ik nam het aan als een mededeling – het was niet te bevatten.

Ze gaf je een spuit, ik weet niet wat erin zat, maar wonderwel kwam je toen weer een beetje bij bewustzijn. Zittend ging je samen met haar de trap af. Daar werd je op een brancard gelegd en in de ambulance gereden. Ik ging naast de bestuurder zitten, de ambulancezuster ging achterin bij jou zitten.

Ik eiste dat we naar het Bronovoziekenhuis gingen. Ik dacht: daar hebben ze je vanmorgen nog gezien, daar weten ze vast wel wat ze moeten doen. Ik zei tegen de ambulance-broeder: "Het wordt Bronovo, punt uit." Alsof zij niet veel beter wisten waar je het beste af zou zijn. Maar ik moest voor mijn gevoel controle houden. Later die avond werd je toch naar het Westeindeziekenhuis gebracht. Daar zijn ze gespecialiseerd in hersenaandoeningen, zoals het ambulancepersoneel al had gezegd. Op de spoedeisende hulp werden er meteen allemaal slangen aan je vastgemaakt. En er werden met een CT-scan röntgenfoto's van je hoofd gemaakt. Je was vanaf het moment dat je de ambulance in ging buiten bewustzijn. Je lag op je zij en je snurkte. Of eigenlijk reutelde je. Hard en onregelmatig.'

Ik denk aan de eerste uren in het ziekenhuis. Hoe mijn ouders en mijn zussen kwamen, hoe Peter daar verdwaasd rondliep. 'Ik vond het zo irreëel, zo surrealistisch. Jouw oudste zus kwam en had het beter in de hand. Als altijd was ze sterk. Zij wilde de foto's van je hoofd zien. De foto's toonden een zwart brein. Zwart van het bloed, zei de dokter en hij keek bezorgd. Ik keek naar je zus en wist niet meer wat ik moest doen of moest zeggen. Zij hield me vast. Ik huilde in haar armen.

In het Bronovoziekenhuis werd ik even heel hoopvol. Jouw moeder zat bij je, en je werd – zo leek het – even wakker. Je deed je ogen open en vroeg haar wat ze hier deed. "Je moest toch in Tilburg zijn?" Dat wist je dus nog. Daarna sloot je je ogen, en je sliep weer verder. We zaten bij je bed. Binnen twee uur moest het beter met je gaan, had de gynaecoloog gezegd. Anders zou hij de procedure in gang zetten om de baby te halen. Het kindje was achtentwintig weken, waarschijnlijk net oud genoeg om te kunnen overleven.

De dokters vertelden dat je misschien een drain in je

hoofd zou krijgen om het bloed weg te laten lopen. Als dat zou gebeuren, was het zogoed als afgelopen met je, dacht ik. Het hoefde niet. Het bloeden stopte. Maar je kwam niet bij kennis.

De volgende dag ging ik even naar huis, op aandringen van je vader die heel vroeg weer naar het ziekenhuis was gekomen. Hij bracht me. Je moeder bleef bij je. Zij had net als ik de nacht in het ziekenhuis doorgebracht. Thuis belde ik mijn dochters. Hoe ik ook probeerde het nog enigszins luchtig te brengen, het lukte niet. Ik kon ze alleen maar veel sterkte wensen en ze zeggen dat ze zo snel mogelijk bij jou op bezoek mochten. Maar ik wist niet wanneer dat zou zijn en of dat moment nog zou komen. Ik liep naar boven om te gaan douchen. Toen zag ik de spuit en het bloed op de vloer. Ik dacht: het leven zoals ik het kende, is voorbij. Dit is het einde van het zondagskind dat ik ben geweest. Ik brak. Ik huilde als een wolf.'

Uitputting

Vanachter het glas in het aangrenzende kamertje zegt de radioloog dat we op de helft zijn. Ik dwaal weer af. Nu ik hier zo lig, komen de laatste jaren voorbij. Alsof er eerder geen tijd was voor gedachten. Nu lijkt er een stroom op gang te zijn gekomen.

Ik denk terug aan de onpeilbare moeheid toen ik bijkwam na mijn hersenbloeding, een moeheid die ik nooit eerder heb ervaren. De uitputting was zo groot dat ik slechts een paar uur per dag wakker was. Dromen kon ik me niet herinneren, terwijl ik voor de hersenbloeding mijn dromen en nachtmerries bijna letterlijk kon navertellen. Het eerste jaar na de hersenbloeding was ik meestal alleen wakker als Julie wakker was. Dan voedde ik haar, speelde met haar, of zat stil bij haar. Ik deed haar, met familie of met vrienden, in bad, we gingen naar babywinkels of we liepen met de kinderwagen in het park. Steeds was dat een overwinning. Maar het was ook deprimerend. Wat ik alleen had moeten doen, kon ik alleen met anderen. En wat ik als een kleinigheid tussendoor had moeten doen, werd een belangrijke dagtaak.

Soms probeerde ik wakker te blijven als Julie ging slapen. Dan probeerde ik met Peter of met familie en vrienden die op bezoek kwamen te praten, maar het ging moeizaam. Ik probeerde ook met de dochters van Peter te kletsen of wat met hen te doen, maar ik kan me slechts een paar keer herinneren dat dit lukte. Het was altijd kort. Daarna was ik zo moe dat ik in slaap viel. Waar ik ook was.

Het was een zwaarte die ik niet kende. Alles was groter dan het leek en afstanden leken verder dan ze waren. Een kopje optillen voelde als gewichtheffen en van de bank naar de keuken lopen om iets te eten te pakken voelde als hardlopen. Wandelen voelde als bewegen door een zwembad met stroop. Maar ook het stilzitten kostte energie. Ik weet nog dat vrienden kwamen eten en ik nauwelijks iets zei. Zoveel energie kostte het mij om de gesprekken te volgen. Zelf iets zeggen was te veel.

En toen was er Concerta. Het medicijn wordt vaak aan kinderen met ADHD voorgeschreven zodat ze zich beter kunnen concentreren, maar ik kreeg het om mijn energiepeil te verhogen. Het medicijn deed wat het beloofde. Al sliep ik nog wel 's middags, als ik wakker was, was ik er ook echt. Het nadeel waren de bijwerkingen. Het valt niet voor niets onder de Opiumwet: rond vijven kreeg ik ontwenningsverschijnselen. Trillen, weinig speeksel, niet coherent. Maar de voordelen wogen op tegen de nadelen. Ik deed weer een beetje mee.

Amputatie

Het duurde lang voordat de ernst van het gebeurde tot mij doordrong. Het was alsof het mij niet echt raakte en het maar half over mij ging. Dat bleek bijvoorbeeld tijdens fysiotherapie in het revalidatiecentrum. Na een paar maanden twee keer per week trainen, vroeg ik de fysiotherapeute wanneer ik echt verbetering zou merken, wanneer ik weer goed kon schrijven met mijn rechterhand of wanneer ik weer zou kunnen joggen. Ze was even stil. En zei toen: 'Zoals het was voor je hersenbloeding wordt het niet meer.'

Even voelde ik me alsof ik tegen de grond werd gedrukt, alsof ik het uit zou schreeuwen, alsof ik weg zou kruipen, maar ik vermande me. Tegenover haar, maar ook tegenover mezelf. Ik haalde diep adem, rechtte mijn schouders. Het was alsof ik niets anders kon dan doorgaan. Omdat mijn geschonden hersenen tijd nodig hadden om dit te verwerken.

Het was alsof ik een voile droeg die te groot en te vervelend nieuws op afstand hield. Soms kwam het binnen, maar als de pijn en het verdriet te groot of te veelomvattend waren, kwam de voile als vanzelf om me heen. Dan was ik beschermd en veilig. Nog steeds kan ik leven in een waas, maar het is wel minder geworden. En al wordt mijn contact met anderen hierdoor beter, ik vind het wel moeilijker. Want ik kan nog maar af en toe onder de voile verdwijnen en het doet pijn zo vaak de waarheid in het volle licht te moeten zien.

Hoe hard ik ook werk, het blijft lichamelijk minder dan het ooit was. Ik schrijf nu links, terwijl ik van oorsprong rechts ben. Ook schilderen doe ik links. Een jaar nadat ik ziek werd ging ik op schildercursus. Met rechts schilderen vergde het uiterste van mijn concentratie en van mijn fysieke mogelijkheden. Na een avond was ik doodmoe. Toen ik begon met links te schilderen, ging het gemakkelijk, licht bijna. Ik had ruimte om te letten op wat ik schilderde, welke kleuren en vormen ik gebruikte in plaats van al blij te zijn als een lijn recht liep of ik binnen de lijntjes had geschilderd. Ook zware tassen til ik links. En bij koken, de afwasmachine in- of uitruimen en typen op mijn computer is links het belangrijkste. Rechts doet wel mee, maar vervult geen hoofdtaak. Bovendien moet ik erop letten, anders zou mijn rechterarm erbij hangen als een slap aanhangsel.

Mijn rechterbeen kampt met hetzelfde probleem. Oefeningen helpen nauwelijks meer. Er zijn steeds meer momenten dat ik een hekel heb aan mijn been. Het zwabbert een beetje. Het is dunner dan het linkerbeen, hoeveel ik ook train. Ook heb ik last van een klapvoet. En vaak doet mijn been niet mee. Als ik er niet op let, staat mijn onderbeen scheef en leun ik op de zijkant van mijn voet. Ik heb het pas door als ik mezelf erop wijs.

Mijn been herinnert me altijd aan mijn hersenbloeding. Het lijkt of het niet bij me hoort, want het doet niet wat ik wil. Steeds vaker heb ik de stille wens tot amputatie. Weg met het been, weg met de voet. Als ik naar anderen kijk, zie ik dat hun benen het werk doen, zonder dat ze erover hoeven na te denken.

Daarom kunnen ze lopen, rennen, springen en dansen. Ik weet nog dat ik vroeger als ik ziek was en hoge koorts had naar de tv staarde. Dan keek ik naar schaatsen of wielrennen. Ik vond het ongelooflijk dat mensen dat konden, dat ze in staat waren om zulke inspanningen te leveren. Hoe zieker ik was, hoe geweldiger ik hun prestatie vond. Nu heb ik dat met lopen. Of gewoon met staan. En ik ben niet ziek, ik heb geen koorts, zelfs geen verhoging. Het lopen of staan is niet meer gewoon. Het been is niet meer van mij. Daarom wil ik die amputatie.

Glazen bak

Een ander voileloos moment was de uitslag van het neuropsychologisch onderzoek. De neuropsychologe uit het revalidatiecentrum wilde weten in hoeverre mijn intelligentie en reactiesnelheid waren afgekalfd. Ze was een nuchter en aardig mens, halverwege de vijftig. 'Maak je geen zorgen,' had ze gezegd. 'Het is maar om een indruk te krijgen van jouw kunnen.'

Ik herinner me de test met een glazen bak en een kurk. Het was de bedoeling om de kurk uit de bak te krijgen zonder dat je hem met je handen aanraakte. Ernaast lagen een glazen buisje, de dop van dat buisje, een haak en er stond een bakje water. Hiermee werd getest of je probleemoplossend kon denken en ook hoe snel en flexibel je was.

Ik keek ernaar, ik keek nog een keer, maar ik had geen idee wat ik moest doen. Ik wist maar één manier om de kurk uit de bak te krijgen en dat was hem pakken. Maar dat mocht niet. De aardige psychologisch medewerkster bleek op dat punt onverbiddelijk. Na een paar minuten nam ze de haak en haalde het deksel van de bak. Ze had me bemoedigend aangekeken. Ik keek naar de bak, naar de medewerkster en weer naar de bak.

Het duurde nog zeker tien minuten voordat ik doorhad dat een kurk gaat drijven door water. Ik vulde de bak met water, maar ik gebruikte niet het glazen buisje, maar het kleine dopje. Toen de bak vol was, en de kurk eruit was, was ik zeker twintig minuten verder. Er stond vijf minuten voor.

Ik denk dat ik de hele oefening in de maanden erna honderd keer moest doornemen, voordat ik kon zeggen waar het fout ging en hoe het wel moest. De eerste keren haakte ik al af voordat ik denkbeeldig was begonnen. Na een maand kwam ik een stukje verder, ik wist nu dat je met de haak het deksel kon optillen. Het duurde nog een halfjaar voordat ik uiteindelijk in gedachten met het glazen buisje – niet met het dopje – zoveel water kon toevoegen aan de bak dat de kurk op de tafel terechtkwam.

Uit het gehele onderzoek kwam naar voren dat ik traag was geworden. Ook de onderdelen waarbij ik een gemiddelde scoorde, bijvoorbeeld het zo snel mogelijk lezen van woorden of het kiezen van synoniemen, deed ik veel langzamer dan mijn oude zelf.

'Dat wil dus niet zeggen dat je het niet kunt,' had de psychologe gezegd.

Dat was ik niet met haar eens. Ik kon sommige dingen nog, dat was waar, maar ik kon ze slechts langzaam, erg langzaam en alleen als de situatie klopte: het moest rustig zijn en zo vroeg dat ik nog niet al te moe was. Bovendien vroeg het nu de opperste concentratie om op woorden te komen.

En het kortetermijngeheugen was aangetast. Dit werkgeheugen, zoals het officieel heet, wordt onder meer gebruikt bij het onthouden van een telefoonnummer, maar bijvoorbeeld ook bij het aankleden of het ontbijten. Beschadiging van dit werkgeheugen zorgt voor chaos. Je wilt je sokken aandoen, maar je weet niet meer dat je ze naast je hebt gelegd of je wilt een boterham beleggen, maar je kunt je niet meer herinneren of je kaas of vlees wilde pakken. Het betekende dat ik voortdurend geconcentreerd moest zijn om dit niet te laten gebeuren en daardoor was er nauwelijks ruimte voor iets anders.

Ik voelde me gegijzeld door mijn hersenen. Want hoe kun je van jezelf zeggen dat je dommer bent geworden, als je nieuwe hoofd niet weet op welke punten je vroeger slimmer was? Dingen die ik niet meer kon begrijpen waren er genoeg, maar ik kon niet zeggen wat ik vroeger wel begreep en nu niet meer. Want als je bijvoorbeeld niet meer weet dat één en één gewoon twee is, hoe kun je dan zeggen dat je vroeger wist dat één en één gewoon twee was? Het is als in het Engels zeggen dat je geen Engels meer kunt spreken. Hoe kon je, kortom, iets begrijpen terwijl je begrip was aangetast?

Ik herinner me wel dat ik vroeger meer kon, meer deed, dingen wilde weten die mij nu onverschillig lieten. Ik probeerde een keer die oude interesse weer op te wekken door *De Groene Amsterdammer* te kopen. Er stond een artikel in over ontwikkelingssamenwerking, een onderwerp dat me altijd nauw aan het hart had gelegen. Ik begon te lezen en haakte na de derde alinea af. Weer begon ik, bij het begin. Maar weer haakte ik af, nog eerder dan de vorige keer. En de derde keer kwam ik niet verder dan de eerste paar regels. Ik begreep het niet. Niets. Het was moeilijk en niet heel leesbaar geschreven, maar zelfs de grote lijnen eruit halen, lukte niet.

Was ik gefrustreerd zoals ik vroeger was geweest als ik iets niet had gesnapt dat ik wel had willen snappen? Ik geloof het niet. Het was vooral een gevoel van machteloosheid.

Geduld

Het onbegrip van sommige artsen, verpleegkundig personeel en andere hulpverleners in het ziekenhuis en het revalidatiecentrum was pijnlijk. Ze hadden te vaak te veel haast of te weinig inlevingsvermogen om mij te kunnen begrijpen. En sommigen konden simpelweg niet goed luisteren.

Er waren artsen en verpleegkundigen die wel het geduld konden opbrengen om te luisteren naar iemand die langzaam spreekt en niet altijd goed te volgen is. Dat was voor mij belangrijk. Want ik wilde wel, ik kon het alleen niet meer zo snel als vroeger en niet op alle momenten van de dag.

Maar er was ook personeel bij wie dit geduld ontbrak. Ze luisterden niet of liepen weg terwijl ik nog bezig was een antwoord te vinden. Ze deden wat ze zelf handig of goed vonden.

In het revalidatiecentrum waren er verpleegkundigen die niet snapten hoe ze me moesten benaderen. De een vond het zinvol om me al langslopend toe te roepen hoe ik beneden moest komen, de ander dacht dat ik het beter snapte als ze me aansprak alsof ik een kind was.

De logopediste in het revalidatiecentrum die me de spraakoefeningen niet wilde geven, de verpleegkundige in het ziekenhuis die vond dat ik te lang over een wc-bezoek deed en de verpleegster in het revalidatiecentrum van wie ik moest gaan ontbijten. Het waren situaties die ik als gezond persoon irritant zou hebben gevonden, maar waarover ik mijn schouders zou hebben opgehaald. Maar nu ik ziek was en afhankelijk van hen, viel omgaan met onbegrip en on-kunde me zwaar.

Want ik was wel te begrijpen. Als mensen maar voldoende tijd en aandacht hadden. Dat merkte ik aan de verpleegkun-digen en artsen die mij wél snapten en die ik wél begreep. Zoals de verpleegster met wie ik de eerste dag at in het re-validatiecentrum, de fysiotherapeuten in het revalidatiecen-trum en de ergotherapeuten die me op de been hielden toen ik dat zelf nauwelijks kon.

Het kost tijd, omgaan met een patiënte zoals ik, maar het is noodzakelijk dat deze tijd wordt uitgetrokken. Veel moest ik opnieuw leren, veel moest ik opnieuw doen, alsof ik het voor het eerst deed. Dat moet kunnen binnen de veiligheid van een ziekenhuis of een revalidatiecentrum. Dat ik juist daar het gevoel had niet snel genoeg te reageren of mee te doen, vond ik niet alleen verdrietig, maar ook ergerlijk. Want als het daar niet kon, waar dan wel?

Ik heb in het revalidatiecentrum vaak te horen gekregen dat er na twee jaar niet of nauwelijks meer verbeteringen op-treden. Dit is niet waar. Ik heb het aan den lijve ondervon-den. Juist na twee jaar is het praten vooruitgegaan. Ik maak weer grappen, ik kan vaak luisteren en praten tegelijk en ik spreek sneller.

Ik merkte ook bij de thuiszorg dat de kwaliteit van hulp afhankelijk is van degene die hulp geeft. Twee vrouwen kwa-men vlak na de geboorte van Julie bij ons thuis. Eén kwam op maandag, dinsdag en woensdag; de ander op donder-dag. De vrouw van de donderdag praatte veel. Ze vertelde mij keer op keer over haar leven. Over haar drie kinderen en haar ex-man. En dat het zwaar is om gescheiden te zijn. Ze zag niet dat ik simpelweg te moe was voor haar verhalen. Ze nam geen tijd om op een antwoord te wachten of om mij de kans te geven zelf voor Julie te zorgen.

Ik herinner me die keer dat Julie wakker werd en ik naar haar toe wilde gaan. Maar ik was trager dan mijn hulp. Zij liep langs me heen op de gang, naar Julies bedje, en wilde haar oppakken. Toen zei ik – luider en feller dan ik wilde – dat ik dat wel zou doen, dat ik haar moeder was. Later heb ik het nog eens nageteld. Vijftien seconden trager was ik. Vijftien seconden waren voor mijn hulp genoeg om mij als domme patiënt te zien en om mij mijn rol in mijn huis te ontnemen.

De andere vrouw was anders. Zij praatte niet over zichzelf, deed wat ze moest doen en nam vooral de tijd om te luisteren. En zij liet me in mijn waarde. Ze behandelde me niet als een kind. En ik liet haar haar gang gaan. Omdat ik haar vertrouwde. Ze zorgde goed voor Julie, liefdevol en met aandacht, maar zonder opdringerig te zijn. Ze deed vooral de dingen die gedaan moesten worden, zodat ik in de tijd dat ik wakker was met Julie kon spelen, Julie kon voeden, naar Julie kon kijken.

Voorbij

Ik lig nog in de operatiekamer. De angiografie is nog niet klaar. Er moeten nog meer foto's gemaakt worden. Ik forceer mezelf om me een vrolijk moment voor de geest te halen. Ik denk aan mijn rijbewijs. Een jaar na mijn hersenbloeding mocht ik opnieuw het papiertje aanvragen. Want bij hersenaandoeningen wordt het voor ten minste een jaar ingetrokken.

Ik moest naar het revalidatiecentrum in een taxi. Ik voelde me daardoor meer patiënt dan ik wilde zijn. Het openbaar vervoer was geen mogelijkheid. Het overstappen, het op tijd eruit gaan en het bij de goede halte staan om de goede tram te nemen, was te moeilijk. Ik kon het niet.

Ik had dat al een keer gemerkt. Een keer stond de tram al te wachten bij het station. Ik wilde naar binnen. Maar ik wist niet wat ik moest doen. Ik wist niet meer dat er knoppen zijn om de deuren open te laten gaan. Ik stond buiten te roepen naar de conducteur dat ik naar binnen wilde. Uiteindelijk deed hij de deuren voor mij open. 'Kan je dat zelf niet, of zo?' zei hij onvriendelijk, om daar op een al even onaardige manier aan toe te voegen: 'Gewoon zelf opendoen, op de knop duwen, weet je wel.' Jaren in trams, bussen en in treinen maakten niets uit; na mijn hersenbloeding stond ik als een klein kind op de deur van de tram te bonzen.

Maar autorijden ging wel, vond ik. Om te oefenen voor het examen nam ik zo'n acht lessen. Echt denderend ging het niet. De auto sloeg vaak af en ik reageerde nogal eens te traag, maar toch ging ik het proberen. Toen ik moest afrijden, deed ik zo ongeveer alles fout wat je fout kunt doen, maar de CBR-vrouw was vriendelijk en gaf me nog een kans. Terwijl zij vroeg naar Julie en vertelde over haar eigen kleinkinderen, werd ik rustiger en reed ik goed – tenminste niet meer zo slecht als daarvoor, toen ik wegreed in zijn tweede versnelling en vergat om over mijn schouder te kijken bij het afslaan. Ik haalde het. Ik was trots en blij. Niemand hoefde mij meer te brengen, ik was weer een beetje zelfstandig en vrij.

Een soortgelijk gevoel kreeg ik toen ik voor mijn verjaardag van Peter een 'mama-fiets' kreeg. Julie was dertien maanden. Het was een laag instapmodel. Ik had niet meer buiten gefietst sinds mijn hersenbloeding. Ik had wel bij de fysiotherapeut op een crosstrainer gezeten, maar dat was binnen, zonder verkeer, en zonder Julie. Maar op deze fiets wilde ik het proberen. Peter zette Julie voorin in het stoeltje en ik fietste na wat twijfel met haar weg. Eén rondje om het huis, en ook al was concentratie vereist, ik kon het.

Bij thuiskomst stond Peter me buiten op te wachten. Hij had gehuild. 'Eerlijk gezegd wist ik niet of je het zou kunnen.' Julie sloeg van plezier op haar beentjes. Peter lachte. Opgelucht.

De radioloog staat bij me. Hij is uit het aangrenzende kamertje gekomen. Hij zegt dat het voorbij is, dat alle foto's zijn gemaakt. Hij lacht me vriendelijk toe en geeft een kneepje in mijn schouder. 'Eerst gaan we je bevrijden van die slang. En dan gaat hij,' hij wijst op de arts-assistent, 'zo'n tien minuten op de wond duwen om te voorkomen dat die erg gaat bloeden.'

Ik lig te wachten tot de tien minuten voorbij zijn. De angst zwelt aan. Wat doe ik als blijkt dat het niet goed is? Dat ik nog een keer bestraald moet worden? Weer moeten wachten op antwoord en ondertussen half levend doorleven?

Ik vraag me af wanneer de radioloog gaat zeggen wat hij gezien heeft. Doet hij dat pas als hij tijd heeft? Heeft hij het al gezien, of moet hij nog alle foto's bekijken? Ik sluit mijn ogen in een poging te doen alsof het me allemaal niet raakt. Maar mijn nagels staan in de palm van mijn handen. Ik proef wat bloed op mijn onderlip. Ik had niet eens door dat ik op mijn lip beet.

De radioloog komt terug. Hij lijkt meer ontspannen dan hiervoor. Hij zegt opgewekt: 'Ik heb de foto's bekeken. En het is overduidelijk. Het is gelukt.'

Ik kijk hem ongelovig aan. Gelukt? Hij trekt het beeldscherm dichterbij. 'Kijk, daar is het.' Hij wijst op de plek waar de AVM ooit bloedde. De vaatkluwen is er nog, maar de plek is grijs, levenloos, dood. Er loopt geen bloed meer door. Het is weg. Het foutje in mijn hoofd is weg.

Ik haal diep adem. Het is over. Zogoed als. Ik glimlach. Ik grinnik. Ik lach. Ik huil.

DEEL III

Doorleven

Terug

Het klinkt bijna vertrouwd. Op de gang het geklingel van glazen, borden en bekers. Een vrouw zegt luid: 'Eet smakelijk.' En nog luider, op een bijna commanderende toon: 'Vul in wat je morgen wilt eten.'

Ik lig in een ziekenhuisbed op de tiende verdieping in het centrum van de stad. Mijn bed staat aan de raamkant. Het is lunchtijd. Mensen komen uit hun kantoren, bezoekers van de stad slenteren voorbij, auto's rijden langs. Een ambulance rijdt weg. Beneden staan mensen te roken.

Ik glimlach. Vijf jaar geleden lag ik hier ook. Nu ben ik terug. Maar op een andere verdieping, met een heel andere reden.

Over een paar dagen ben ik hier weer weg. Dan ga ik naar huis. Met zijn tweeën, Marie en ik. Peter komt ons met Julie ophalen. Ik kijk naar het kleine mensje dat in mijn armen ligt. Het meisje dat hier in het ziekenhuis werd geboren, ligt nu vredig te slapen. Ik sluit mijn ogen.

Een Servisch accent

De afgelopen jaren stonden in het teken van beter worden, van opstaan en weer meedoen en van soms verrast worden over hoe mensen me zien. Ik denk aan het echtpaar dat we ontmoetten tijdens onze vakantie in Frankrijk. 'Je woont zeker al een tijd in Nederland?' Ik keek de man aan. Het stel kwam uit Brabant. Julie speelde met de kinderen van het echtpaar. Eén politieagent en twee dieven. Hij lachte. 'Maar ik hoor aan je dat je geen geboren Nederlandse bent. Servië?'

Ik kom uit Nederland, uit Den Haag, ik ben in mijn leven één keer drie dagen in Servië geweest. Ik ken de taal niet, ik heb geen Servische vrienden, ik weet weinig van het land, maar kennelijk spreek ik met een Servisch accent.

Een tijdje later was er die moeder van een vriendinnetje van Julie, die me vroeg waar ik vandaan kwam. We vierden Julies vierde verjaardag. Ze zat in een draaistoeltje en haar vriendinnetje duwde haar. Ik had net thee ingeschonken, en een deel op de grond laten vallen omdat ik het kopje met mijn rechterhand wilde aangeven. Ik had het opgedweild, zonder iets te zeggen, maar ik had gebaald. 'Frankrijk, of België. Ja, je spreekt Vlaams. Toch?'

Ik had de vrouw verbaasd aangekeken. Weer iemand die een accent hoorde, waarvan ik niet wist dat ik het had.

Ik zag haar soms bij de crèche. Heel soms, want meestal bracht ik Julie later dan de rest. Dit was – grapte ik soms tegen Peter – het enige voordeel van de hersenbloeding: ik kon samen met Julie 's morgens lang in bed blijven liggen. 'Bonding in bed,' noemde ik dat, terwijl ik simpelweg te moe was om de dag te beginnen. En ik haalde Julie meestal al voor vijf uur 's middags op. Meer uit schuldgevoel dan uit aardigheid. Ik voelde me schuldig dat ze naar de crèche moest terwijl haar moeder in een centrum zat te revalideren, in plaats van dat ze een goede baan in de journalistiek had.

De moeder leek me wel aardig en haar dochtertje werd meer en meer een echt vriendinnetje van Julie. Samen met een ander meisje waren ze op de crèche altijd met zijn drieen. Binnen tutten ze met poppen, poseerden ze in politie- of elfenkleding, verfden met kwast of vingers. In de tuin van de crèche stepten of fietsten ze, zaten ze op motoren of trucks en speelden ze onophoudelijk verstoppertje, zonder dat iemand zich echt verstopte of gevonden werd. Julie zou hen nu ze naar de basisschool ging vast wel gaan missen. De moeder en ik hadden elkaar weleens vluchtig gesproken, maar altijd in de drukte van het halen of brengen. Nu was ze dus op bezoek. En een van haar eerste vragen ging over hoe ik sprak. Een onschuldig bedoelde vraag, maar het antwoord zou van het bezoek een serieuze aangelegenheid maken. Ik moest haar vertellen waardoor dit accent kwam. En dat was geen spannend Frans of Belgisch verhaal, maar een verhaal over het ziekenhuis en het revalidatiecentrum, gewoon in mijn eigen stad.

Ik maakte er achteraf een grap over, al was het in de trant van 'lachen om niet te hoeven huilen'. Als dit het enige was, viel het toch erg mee. En bovendien, België was alweer een stuk dichterbij dan Servië. 'Op een dag kom ik weer gewoon vanhier,' zei ik tegen Peter.

De moeder van Julies vriendinnetje en het echtpaar in Frankrijk hadden verder niets aan mij gemerkt. Mijn arm of been was hun niet opgevallen. Zoals de peuterjuf van Julie alleen had gezien dat ik iets aan mijn been had. Toen Peter haar vertelde wat er met mij gebeurd was, was ze verbaasd. Aan het praten had ze niets gemerkt. Ze had wel gemerkt dat ik soms naar woorden moest zoeken, maar dat had ze geweten aan vermoeidheid – met een dochtertje dat zeker twee keer per nacht wakker werd, was dat niet raar, vond ze.

Zelf merk ik dat ik langzamer praat dan vroeger. Bovendien gebruik ik vaak stopwoordjes als 'zeg maar', 'weet je' of 'soort van'. Ook de uitdrukking 'ik heb zoiets van' gebruik ik geregeld, meestal als ik eigenlijk niet weet hoe ik iets moet zeggen of moet uitleggen.

Ik weet nog dat ik met Julie in het ziekenhuis was omdat ze buisjes in haar oren kreeg. Toen ze uit de operatiekamer was en op haar bed vrolijk een puzzel zat te maken, begon de moeder van het kindje naast me een gesprek. We hadden het over de puzzel, over het weer, over hoe vaak haar zoontje al buisjes had gekregen (drie keer) en Julie (twee keer) en dat we hoopten dat dit de laatste keer was. Het was een luchtig gesprek. Zo'n gesprek dat je overal en met iedereen kunt voeren. Kort en vriendelijk. Tenminste, het was het type gesprek dat ik vroeger met iedereen kon voeren. Want het lukte nu niet meer. Ik gebruikte veel stopwoordjes en maakte mijn zinnen niet af. Ik hakkelde en stamelde. Waarom kon ik niets zinnigs zeggen? Waarom kon ik niet stoppen met die stopwoordjes? Waarom kon ik mijn zinnen niet afmaken?

Ik weet het niet. Ik weet alleen dat het een drukke, gespannen ochtend was geweest. En dat ik onzeker was over hoe ik zou praten en steeds onzekerder werd naarmate ik meer fouten in het gesprek maakte.

Maar het is niet alleen onzekerheid of moeheid waardoor je het merkt. Het is ook – en ik weet echt niet wanneer het voorkomt en wanneer niet – dat ik woorden of delen van zinnen inslik. Of dat ik zinnen niet uitspreek die wel uitgesproken moeten worden. Het gebeurt nu minder, maar nog steeds komt het voor. Peter had een nieuwe tas voor zijn werk nodig. Ik had in Den Haag bij een kantoorboekhandel een mooie, leren tas gezien. Daar moest hij naar gaan kijken.

In plaats van dat ik hem dit vertelde en ik er bovendien nog informatie bij gaf over de grootte, de kleur en de vorm zei ik het minimale. 'Werktas. Mooi.'

Het meest opmerkelijke was dat ik niet doorhad dat er iets niet klopte. Ik had een onduidelijk gevoel van onbehagen, maar ik wist niet wat ik er precies ontbrak. Ik kwam erachter door het onbegrip van anderen. Tegenover Peter raakte ik geprikkeld. Ik had toch alles gezegd, misschien her en der een klinker of medeklinker weggelaten, maar dat was het. Het was toch nog goed te volgen voor hem? Ik zei toch niets raars? Langzaam kwam ik erachter dat veel essentiële informatie ontbrak in wat ik zei, en ik dus ook geen goed antwoord of leuke reactie kon verwachten.

De logopediste van het ziekenhuis in de buurt – waar ik nog steeds kom – wijt het deels aan onverwachte momenten. Oefeningen helpen hierbij nauwelijks. Het gebeurt niet tijdens de momenten waarop ik geconcentreerd met de logopediste oefen of al net zo geconcentreerd een gesprek voer. Laatst vroeg ik aan een vriendin wat zij ervan merkte. 'In het begin sleepte je terwijl je praatte. En als je heel moe was, sprak je met een dubbele tong. Vaak viel je stil. Je wist dan niet meer wat je wilde gaan zeggen. Maar langzaam ging dat over. Nu klink je weer als vroeger. Je zoekt alleen soms naar woorden, en soms praat je wat langzamer dan voorheen.' Maar Servisch of Vlaams, daar kon zij zich niets bij voorstellen.

Bij mensen die ik al kende toen het gebeurde, voel ik mij zekerder. Misschien omdat zij nog de persoon van vroeger zien. Ze horen wel dat er iets is veranderd – de een noemt het het tempo, de ander het woorden zoeken – maar ze horen wat ik zeg en snappen waarom ik het zeg. Bij nieuwe mensen voel ik een onzekerheid die mij bang maakt om te praten, bang dat ze mij niet zullen begrijpen, bang dat ik iets zeg wat bot, stom of zwakzinnig overkomt.

Als ik de ander als spiegel voor mezelf neem, krijg ik verschillende reacties. Ze gaan over mijn spraak, het niet afmaken van zinnen, of mijn been of arm. Ze zien of horen iets afwijkends, maar bijna niemand ziet het geheel.

Het kan zijn dat ik denk dat het praten goed gaat, en ik er toch een vraag over krijg, of over mijn been of mijn arm terwijl ik daar juist op dat moment niets aan gemerkt had.

Ik word daar angstig van. Kom ik normaal over? Zien ze iets? Horen ze iets? Het is niet erg dat ze het weten, het is erg als ze rare trekken aan mij kunnen zien en terwijl er onvoldoende tijd of onderling contact is om het uit te leggen. Ik ben bang dat mensen het niet snappen en mij vreemd vinden. Een raar mens dat niet of te laat reageert, en een beetje waggelend loopt, het ene been een stukje hoger optrekkend dan het andere. Ik maak mij vaak zorgen over Julie: Hoe moet ik het ooit aan Julie uitleggen? En wat moet zij straks zeggen tegen mensen die maar een stukje weten, maar wel met een oordeel klaarstaan?

Pistoletjes

Bij mij in de straat woont een man van ver in de zeventig. Hij is vriendelijk, en heeft wonderwel nog een dikke bos grijs haar. Echt in de war is hij niet, maar hij heeft, zoals hij het zelf zegt, 'moeite zijn kop erbij te houden'.

Als hij van de bakker komt, heeft hij vaak wat meer tijd nodig om te zeggen dat hij daar 'uhh, uhm, van die broodjes die op een stokbroodje lijken, hè, kom, uhh, van die dingen die uhh, nou, uhh pisto-uhh-letjes' heeft gekocht.

Ik lijk op hem. Ook ik heb moeite met het onthouden van vaak kleine en schijnbaar onbeduidende dingen. Namen, getallen, uitdrukkingen of gewoon woorden ontglippen me zodra ik ze gehoord heb. Of ik haal dingen door elkaar. Zo zeg ik tegen Julie bijvoorbeeld geregeld dat we de eendjes gaan voeren. Terwijl ik toch echt voor een vissenkom sta met daarin drie goudvissen. In mijn hand het vissenvoer. Julie is nu oud genoeg om mij te verbeteren. 'Het zijn vissen, mama. Vissen. Wikkie, Snikkie en Visstick. Geen eendjes. Vissen.'

Een vriendin vindt het allemaal een kwestie van oefenen. 'Als je iets niet kunt, moet je het opnieuw proberen. Steeds weer, totdat je het wel kunt. Het is uiteindelijk allemaal een kwestie van wilskracht.' Ze had terwijl ze dit zei gekookt, ze had de kleding van haar kinderen opgevouwen en ze was 'aan het bijkletsen' met mij. Ik had gefascineerd geluisterd. Ik keek naar haar en naar alles wat ze deed. Wat wilde ik graag dat dit waar was. Wat zou het leven makkelijk zijn als haar theorie klopte, als het gewoon een kwestie van vaak doen was. Maar ik wist dat het mij niet zou lukken. Ik wist ook dat er gaten in haar theorie zaten. Je kunt niet, als je niet-gezond bent, alles kunnen omdat je het wilt. Je kunt van een verlamd iemand geen bewegingen verwachten of van iemand in een rolstoel verwachten dat hij gaat lopen. En je kunt iemand met een hersenaandoening niet zeggen dat hij mee moet doen met het normale leven. Want als hij dat probeert, voelt het vaak alsof hij in een versnelde film speelt. Soms lukt het een tijdje om mee te doen, dan is het op, en moet er uitgerust worden.

Zo is het ook met geconcentreerd luisteren. Een-op-een lukt het vaak, maar als er veel mensen zijn en het onderwerp iets ingewikkelder is, doe ik vaak niet mee. Economisch of financieel nieuws waren al niet mijn sterkste kanten, maar ik kon de grote lijnen wel volgen. Ik had zonder al te veel na te denken het wel kunnen begrijpen als een econoom sprak over de inflatie en het bruto nationaal product. Bijvoorbeeld. Maar nu is 'een economische crisis' vaak het maximale dat ik snap. Cijfers ben ik vergeten zodra ik het krantenartikel uit heb. Ik weet bijvoorbeeld nog net dat de situatie vanwege die crisis 'ernstig' is en dat herstel nog lang op zich laat wachten. Als ik televisiekijk, haak ik af zodra iets ingewikkeld wordt. Zoals laatst toen een man iets uitlegde over het verschil tussen de jaren dertig van de vorige eeuw en onze huidige financiële crisis. Ik wilde luisteren, maar kwam erachter dat ik steeds afdwaalde. Nergens heen. Naar de diepte van de leegte. Terwijl ze op televisie verder spraken en ongetwijfeld zeer interessante wetenswaardigheden verkondigden.

Ik vroeger

Leven als een huisvrouw. Een niet al te snelle huisvrouw. Die blij is als ze nadat ze de was heeft opgevouwen, nog puf heeft om te koken. Of die eigenlijk al blij is als ze de was gedaan heeft.

De was doen. Of koken. Dat was precies waar ik me vroeger niet mee bezighield. Ik werkte, ik reisde, ik ging uit, naar toneel, muziek of het nachtleven in. Ik ging naar Afrika, op safari, naar Parijs voor de musea, genoot van New York. Ik verwonderde mij in Jemen en kwam bij op Curaçao. Ik ging met vrienden of vriendinnen naar het strand, pakte een terrasje of ging naar een café. Ik las veel: tijdschriften, kranten, boeken. En ik deed altijd van alles tegelijk.

Ik keek tv terwijl ik at, ik zapte met mijn ene hand, sms'te met mijn andere, bladerde door een krant om tussendoor een telefoontje aan te nemen. Ik deed boodschappen, liep al bellend met de redactie over straat, kwam een bekende tegen, dacht na over het volgende verhaal dat ik ging schrijven. Ik vond het niet veel, ik vond het heel normaal. Net zoals ik veel en snel praatte, in oplossingen dacht, met ideeën kwam, en met vrienden nadacht over het leven. Het ging over de grote wereldproblemen en de persoonlijke vraagstukken dicht bij huis: van het wel of niet willen van kinderen tot en met de kleur van je nagels.

Maar ik kon mij ook verliezen in vragen over het waarom. Die gingen zo ver dat er geen antwoord meer over bleef. Er was ook een sombere, paniekerige kant. Paniek, waarvan ik niet wist waar ze vandaan kwam. En waarvan ik niet wist hoe ik ze tegen kon gaan, behalve wachten. De somberheid zat in me en op slechte momenten kwam die naar boven. Het enige wat ik dan wilde was in mijn bed liggen, verscholen onder mijn dekbed, alleen ik. Of de stad in, na het werk, naar vage kroegen of foute discotheken in de hoop te vergeten en iets of iemand te vinden dat of die het beter zou maken, me zou geruststellen, me een antwoord zou geven op het waarom, waarheen, waartoe.

Na de hersenbloeding was dit weg. Niet alleen waren mijn functionele vermogens zoals spraak en motoriek aangetast, ook mijn disfunctionele kanten waren verdwenen. Natuurlijk was er veel verdriet, maar geen grote somberheid. En natuurlijk waren er angst en onrust, maar het werd geen paniek.

Hetzelfde gebeurde met slapen. Ik was een slechte slaper, zo slecht dat ik halve nachten wakker bleef, draaiend in mijn bed in een poging de slaap te vatten. Het werd steeds moeilijker om vroeg genoeg wakker te worden om op tijd naar mijn werk te gaan. Ik moest mij ziek melden. Antidepressiva, gesprekken en een lichtbak moesten me helpen om op tijd in te slapen en op tijd weer op te staan. Het hielp nauwelijks. Wat hielp was een ziekenhuisopname, aangeraden door een bevriende arts. Ik leerde opnieuw slapen, geholpen door slaappillen. Na de opname gebruikte ik nog twee keer per week een slaappil. Ik ging op tijd naar bed en stapte op tijd mijn bed weer uit. Het ging niet makkelijk, maar ik had het min of meer onder controle.

Af en toe waren er ook momenten die ik niet snapte, omdat de tijd vanzelf leek te verdwijnen. Bijvoorbeeld op een vrije zaterdag. Ik stond op, vol plannen en ideeën. Voor de zekerheid schreef ik ze op een papiertje. Bijvoorbeeld: 13.00 uur bloemen kopen. 13.30 uur kopje koffie met vriendin in het lunchcafé in de buurt. Het was alsof ik bang was dat ik dingen niet zou doen als ik ze niet opschreef.

Op zaterdag ging Peter vaak met zijn kinderen op pad. Ik herinner me dat hij een keer thuiskwam om een uurtje of vijf en ik nog steeds in mijn pyjama op de bank zat. Ik had niets gedaan, behalve mijn lijstje een paar keer veranderd, een beetje in de krant gebladerd en sigaretten gerookt. Ik weet nog dat hij me een keer verbijsterd vroeg waarom ik me niet had aangekleed en niet naar buiten was gegaan. 'Wat heb je dan in godsnaam de hele dag wel gedaan?' zei hij. Ik gaf hem het even ware als pijnlijke antwoord: 'Ik weet het echt niet. Ik wil wel, maar iets houdt mij tegen.'

Mijn houding deed me denken aan een verhaal dat ik ooit van een vriendin hoorde. Een familielid van haar vertoonde opeens verontrustend gedrag. Of liever gezegd: hij deed dingen niet die hij wel moest doen. 's Morgens maakte hij altijd het ontbijt klaar. Terwijl zijn vrouw en kinderen zich aankleedden, dekte hij dan de tafel en schonk thee in. Maar op een keer was er, toen zij naar beneden kwamen, geen gedekte tafel, geen thee en geen vader. Zijn vrouw vond hem in de woonkamer. Hij stond daar maar en zij vroeg hem waarom hij niet in de keuken was. Hij keek haar aan en zei: 'Ik weet het echt niet.'

De man werd gediagnosticeerd met een kwaadaardige hersentumor. Hij leefde nog een jaar. Van een goed georganiseerde, opgewekte en intelligente man veranderde hij in een chaotische, sombere en bijna kinderlijke persoon. Er is het grote verschil dat ik beter werd en hij niet, dat ik leef en hij niet, maar de overeenkomsten zijn treffend. Na mijn beroerte heb ik nooit meer zulke momenten van verdwenen uren meegemaakt. Ook heb ik nooit meer moeite met slapen gehad. Ik slaap in zodra ik mijn kussen voel en ik word op tijd wakker.

Waren het niet-slapen, het urenlang zitten zonder iets te doen en mijn paniekerige houding een aankondiging van het 'foutje in mijn hoofd'? Artsen kunnen geen uitspraak doen over een eventueel verband tussen een hersenbloeding en een slaapstoornis. Maar een neuroloog van het ziekenhuis in Den Haag zei dat het hem niet zou verbazen als dat er was. 'Het is niet wetenschappelijk bewezen. Maar het zou heel goed kunnen dat er een verband is met de slaapstoornis. Maar weten doen we het niet.'

Knipsels van toen

Een beschadigd brein werkt raar. De ene keer weet je iets niet wat je makkelijk kunt weten. De andere keer weet je details die elk normaal mens vergeten is. Omdat ik wilde weten wat ik kwijt ben, dook ik in mijn verleden. Ik zocht mijn oude journalistieke artikelen op. Zou ik ooit nog op hetzelfde niveau kunnen werken?

Ik pakte een doos oude knipsels van zolder en ging zitten. Het was eng om de nieuwsverhalen, reportages en interviews te bekijken, alsof ze me zouden confronteren met een verlies dat ik nog niet kende.

Ik zag een stapel artikelen over de hongerstaking van de zogenoemde witte illegalen in de Haagse Agneskerk, eind 1998. Het was mijn eerste grote klus. Door een nieuwe wet moesten ze terug naar hun eigen land. De ruim 130 mannen waren in tweeënhalve week veranderd van trotse, sterke mensen in zielige, ineengekrompen types. Uiteindelijk kregen slechts een paar van hen een verblijfsvergunning.

Ik werkte van 's morgens vroeg tot 's avonds laat. Ik was in de kerk, sprak met de mannen en hun families, met de voor- en tegenstanders van de nieuwe wet, met de verantwoordelijke politicus, met de werkgevers van de mannen en met vertegenwoordigers van hun werknemersorganisaties. Ik ging op en neer naar de redactie van de *Haagsche Courant* om artikelen te schrijven. Ik weet nog dat ik een keer na een interview met de mannen in de kerk zat. Op de grond met de blocnote op schoot. Nauwelijks geslapen. Nog niet gegeten. Maar gedreven om het goed te doen, om de mannen een stem te geven.

Ik keek gefascineerd naar de stukken die er voor me lagen. Had ik dit allemaal geschreven? En had ik al die mensen gesproken? Vooral de hoeveelheid verbaasde me. Drie, vier artikelen op een dag vond ik heel normaal, nu zou ik al trots zijn op één per maand.

Ik bladerde voorzichtig verder. Kijk, een paginagroot artikel uit Marokko. Verbaasd staarde ik ernaar. Marokko? Was ik daar geweest? De eerste regels van het verhaal kwamen me vreemd voor. 'Zelfs nu nog – na twee uur 's nachts – is het merendeel van de schermen bezet door jonge Marokkanen. Voor een paar dirham per uur kunnen de bezoekers hier surfen en chatten op het net. De meest bezochte pagina's zijn chatpages waar met andere jonge Europeanen of Amerikanen urenlang contact kan worden onderhouden. Want het Westen blijft trekken.'

Sprak ik met jonge Marokkanen over hun leven en toekomst? Hun wens om te vertrekken? Vaag begon ik me er iets van te herinneren. Maar het waren geen heldere beelden. Als ik cijfers teruglees over de verdeling van de rijkdom, het hoge aantal jongeren of het hoge aantal analfabeten, is het of het artikel door iemand anders is geschreven. Iemand die weet waarover hij het heeft. Hier lijkt het alsof de draad met mijn verleden is doorgeknipt.

En hoe zat het met de wekelijkse columns die ik als hoofdredacteur van de *Digitale Muurkrant Schilderswijk* voor de *Haagsche Courant* schreef? Kan ik die mij nog goed herinneren? En zou ik die nog kunnen schrijven?

De columns over de multiculturele Schilderswijk – ge-

illustreerd met een fotootje van mij, jonger, maar vooral energieker dan ik nu ben – gingen onder meer over een
buurtbeheerder die na veel getouwtrek toch mocht blijven
en over een opstootje in de wijk na een schietpartij. Ik herinnerde mij weer dat ik tussen de mensen stond, achter het
rood-witte politielint. De gesprekken die ik daar voerde, komen langzaam terug. Maar dat ik er vervolgens een column
van maakte, komt me vreemd voor. Het is alsof ik het niet
was, maar iemand die ik goed kende.

Ik werd bang om artikelen te vinden waaruit zou blijken
dat ik het definitief niet meer zou kunnen. Toch moest ik
zien wat ik vroeger deed en wie ik was. Hoe zat het met de
artikelen die ik schreef vlak voor het moment dat ik van een
zelfstandige vrouw veranderde in een behoeftig kind, van
een verslaggever in iemand die geen krant kon lezen?

Ik las het zaterdaginterview met oud-premier Ruud Lubbers dat ik schreef bij de GPD en dat in de aangesloten regio-
nale kranten verscheen. Lubbers, die zich nu vooral inzette
voor diversiteit en duurzaamheid, maakte zich ernstige zorgen over de problemen van de multiculturele samenleving.
Het interview vond plaats na de gewelddadige moord op
film- en programmamaker Theo van Gogh door een Ma-
rokkaans-Nederlandse man. Lubbers wilde een ander geluid laten horen en zich uitspreken tegen de haat en angst
die gevoeld werd ten opzichte van allochtonen.

Het artikel lezende was ik vooral verbaasd dat ik woorden
gebruikte als ontheemden, globalisering, reflectie en fatalis-
me, woorden die ik nu moeilijk vind en die de laatste jaren
niet in mijn hoofd zijn opgekomen. Maar ze staan daar alsof
ze daar horen. De zinnen vloeien in elkaar over en ik had
de kern uit mijn urenlange gesprekken met Lubbers weten

te halen en die teruggebracht tot een goedlopende tekst van anderhalve krantenpagina.

Ik voelde me hulpeloos na het lezen van de artikelen. Zou ik ooit weer zoiets kunnen? Zou ik nog het lef opbrengen om op mensen die in het nieuws zijn af te gaan? En zou ik weten wat ik moest vragen, zou ik onthouden wat mij verteld werd? Ik wist het niet. De veelheid en verscheidenheid beangstigden mij toen en nog steeds ben ik bang dat het teveel is.

Toch werk ik weer. Een beetje. Voorzichtig. Als vrijwillig eindredacteur bij het *Haags Straatnieuws*. De verkopers – dak- en thuislozen – staan bij de supermarkten in de stad en in de regio. Het kost mij nog geen dag in de week. Het werk is interessant en het is bovendien goed om op een redactie te zijn, in plaats van thuis te zitten.

Maar het is frustrerend dat ik na een halve dag óp ben. Dan kan ik niets meer, laat fouten staan, en weet niet meer wat ik in een artikel zou moeten veranderen en waarom. Als iemand mij een dag voor een artikel zou geven, zou ik er wel opkomen, dan zou ik weer net zulke goede koppen maken of net zoveel fouten verbeteren als ik vroeger deed. Maar nu lukt het vaak niet als ik probeer me aan te passen aan een normaal werktempo en een paar verhalen achterelkaar te redigeren.

In het revalidatiecentrum deed ik mee aan een gespreksgroep. Een terugkerende vraag tijdens die gesprekken was: wie ben je? En waar sta je?

Ik was niets en niemand. Ik had wie ik was altijd gespiegeld aan wat ik deed. Nu was ik zogoed als niets waard, omdat er geen werkgever was die op mij wachtte. Ik was weliswaar ook (stief)moeder, echtgenote, dochter, zus en vriendin. Rationeel wist ik dat dat ook heel veel – zo niet meer – waard was, maar emotioneel niet. Ik was niets waard omdat ik niet werkte, omdat ik daar niet voor had gekozen, omdat de hersenbloeding mij was overkomen en ik niets had kunnen doen om die tegen te gaan, net zoals ik nu vrijwel niets kon doen om het genezingsproces sneller te laten gaan. Het was alsof alles van me afgepakt was en ik beroofd was achtergelaten. Op een slecht moment vraag ik me af wat voor zin het heeft weer te werken of andere zaken te leren. Dan weet ik dat ik nooit meer de journaliste zal worden die ik was en nooit meer zal zijn wie ik was. Ik moet leren leven met dit gemis. En dat is misschien wel moeilijker dan vechten.

Stiefmoeder

Toen Julie geboren werd, was ik al stiefmoeder van Bobby en Lynn. Het zijn twee jonge, mooie, stoere en bijzondere meisjes. Inmiddels zijn ze achttien en vijftien jaar, een reist de wereld rond, de ander zit in de vierde klas van de middelbare school. Ze zijn op hun eigen manier bezig met de wereld om hen heen en dat is mooi en soms ontroerend om te zien.

Toen Peter in mijn leven kwam, kwamen zij dat ook. Zij waren toen negen en zeven jaar. Ik heb een hekel aan het woord stiefmoeder, omdat het mij doet denken aan een vals kreng dat aardig doet wanneer de echtgenoot kijkt, maar zodra hij uit de buurt is de kinderen uitmaakt voor alles wat lelijk, slecht en verdorven is.

Bobby en Lynn vonden de term stiefmoeder vooral beangstigend: het deed ze denken aan nare sprookjes met enge figuren. Tegen anderen spraken ze daarom over mij als hun 'halfmoeder' en tegen mij zeiden ze soms 'oude vriendin', om aan te geven dat ik hun vriendin was, maar tegelijkertijd ook ouder en daarmee de volwassene.

Ik keek verbaasd naar de hoeveelheid energie die ze hadden, en was vertederd als ze 's avonds uitgeput in slaap vielen. Ik had bij mij thuis een kamer voor hen ingericht. Het was mijn kleine studeerkamer geweest en ik had hem leeggemaakt door vuilniszakken vol oude boeken, krantenartikelen en tijdschriften weg te brengen naar ophaalcontainers in de buurt. We waren met zijn drieën bezig. Ik hing een lampje op boven het nieuwe stapelbed. Bobby maakte een tekening op de muur en Lynn probeerde een poster van een olifant met baby op de muur te plakken. Ik keek naar hen en voelde een heel sterk verbond: de twee meisjes en ik, samen.

Bobby keek omhoog en het leek alsof zij hetzelfde voelde. 'Nu gaan we niet meer weg,' zei ze beslist. De jongste voegde daar met een grijns aan toe: 'Of je moet mee.'

Natuurlijk waren er ingewikkelde dingen. Het gemis van hun moeder als ze bij ons waren, het gemis van hun eigen huis, het gemis van een compleet gezin. En ook van mijn kant was het wennen. Als we bijvoorbeeld met z'n allen op vakantie waren, moest ook ik me aanpassen. Geen eindeloos gelees in een of ander boek, niet meer lang uitslapen, geen gehang op een terras, maar spelen, zwemmen, ijsjes eten en vroeg op.

Ook was het weleens moeilijk dat we in de weekeinden dat zij er waren niet uitgingen, maar gewoon thuis een film keken of een spelletje deden. Maar het was het waard, ik hield al snel veel van ze. Ze waren vrolijk, grappig, leergierig en aanhankelijk.

Toen ik na een aantal jaren zwanger raakte en we het nieuws aan hen vertelden waren ze een en al blijdschap. Ik weet nog dat mijn toen eenjarige neefje dat weekeinde bij ons logeerde. We zaten aan het ontbijt, hij in de kinderstoel. Toen de meisjes het hoorden, sprongen ze in het rond. Bobby pakte mijn neefje op en danste met hem de kamer rond.

Van Lynn heb ik een tekening, die ze heeft gemaakt nadat ze hoorde dat er een baby op komst was. Ze was toen tien jaar. Peter en ik liggen in bed. De klok geeft aan dat het drie uur is. 'In de nacht' staat ernaast. De baby huilt. Ik vraag aan Peter of hij naar de baby toe wil, maar die zegt dat het mijn beurt is, zo blijkt uit de tekstballonnetjes boven onze hoofden. We kijken sip. Ernaast staan twee weegschalen getekend. Een geeft 60 kilo aan, de ander 70. Eronder staat: 'Jammer.' Maar er staat ook: 'Superleuk. Gefeliciteert.'

Ik heb de tekening ingelijst en opgehangen. Zo graag wilde ik iets vasthouden van wat was en van wat misschien ooit weer deels zou terugkomen. En zo graag wilde ik Lynn laten voelen dat zij en Bobby erbij horen en dat er van hen gehouden wordt.

De eerste weken na de hersenbloeding waren voor hen niet of nauwelijks te bevatten. Ik was in het ziekenhuis en later in het revalidatiecentrum slecht verstaanbaar en slecht te begrijpen. Nog los van het feit dat ik kreupel was, een lamme arm had en een half verlamd gezicht, was ik er zelf ook maar half bij.

Ik leefde wel met hen mee, ik wilde wel weten hoe het met ze ging, maar ik zei dit niet. Ik zei niets. Ik wist niet hoe dat moest. Ik raakte verstrikt in de woorden. Toen ze mij voor het eerst opzochten in het ziekenhuis kon ik na lang nadenken alleen 'hallo' tegen ze zeggen. Ik weet nog dat ik toen trots was, omdat ik eindelijk het woord had gevonden, maar terugkijkend kan ik me voorstellen dat het voor twee meisjes van dertien en tien jaar heel vreemd moet zijn geweest om mij zo te zien. Ik denk dat het hen angstig maakte en later ook boos. Boos omdat het gebeurd was, en boos op mij, omdat ik niet gewoon kon doen, omdat het niet over was, en omdat het door mijn aandoening vooral over mij ging, ook als ik er niets over zei, maar gewoon omdat het er was en alles anders was dan ervoor.

Rennen in het park? Kon niet. Ik kon lopen, langzaam en misschien hooguit een kwartier. 's Avonds een spelletje rummikub? Te veel en te laat voor mij. Even met z'n drieën een filmpje kijken? Nee, dan moest ik slapen om erna weer enigszins uitgerust voor Julie te kunnen zorgen. Ze even naar een vriendinnetje brengen? Nee, mijn rijbewijs was ingenomen. En gewoon: veel praten, lachen, roepen? Nee, dat was te veel. Ik kon het geluid niet aan, ik kon ze niet volgen, ik wou simpelweg dat ze ophielden en dat de stilte terugkeerde. Hun levendigheid, waar ik zo van hield, was voor mij te veel geworden.

Er is een folder waarin wordt gepoogd uit te leggen waar mensen met een hersenaandoening last van hebben. Een groep mensen sjokt, kalm, relaxed. Een vrouw met een hersenaandoening jogt om hen bij te kunnen houden. Ze is buiten adem. En een man, ook met een hersenaandoening, houdt zijn handen voor zijn oren als een groep mensen praat. Hij denkt dat ze schreeuwen, maar in werkelijkheid staan ze rustig met elkaar te kletsen. Maar voor hem is het lachen gegil en het praten geschreeuw.

Met een volwassene, een-op-een, op een goed moment, hield ik een gesprek zo'n halfuur vol. Dan moest het over dingen gaan waar ik iets van af wist en er moesten niet te veel verschillende kanten zitten aan het verhaal. Ik heb bijvoorbeeld een vriendin die snel praat, veel verschillende onderwerpen aanhaalt, de helft van haar zinnen niet afmaakt en tussendoor grappen maakt. Ik vond haar voor mijn hersenbloeding grappig, snel en intelligent. Na mijn hersenbloeding vond ik haar vooral doodvermoeiend en moeilijk te begrijpen.

Met de twee meisjes, beweeglijk, levendig, van de hak op de tak springend, door elkaar heen pratend, giechelend en ruziënd, hield ik het in het begin nog geen vijf minuten vol. Als ik bijvoorbeeld vroeg hoe het op school was, verwachtte ik een 'leuk' of 'niet leuk' en niet een heel verhaal waar voor mij geen touw aan vast te knopen was.

Ik herinner me een keer dat Bobby vertelde over school. Veel van de jongens in haar klas waren druk. Te druk voor een middelbare school, vond ze. 'Ze doen alsof ze nog op de basisschool of zo zitten. Ze zijn echt superverveln. Ze snappen echt niet dat ze op de middelbare school zitten. Ze moeten gewoon een beetje rustig doen.'

Bobby keek me aan. Ze verwachtte een reactie, op zijn minst een glimlach of een begrijpende blik, maar er kwam niets. Ik was verdiept in wat ze zei. En ik verloor me in het detail. Ik bleef hangen bij de basisschool. Wat deed die jongen toen wat hij nu nog deed? Voetballen? Stoer doen met zijn vriendjes? Dromen? Of briefjes schrijven aan een vriendje tijdens de les?

Iets zei me dat ik het niet kon vragen. Ik wist dat het niet normaal was dat ik me zo verdiepte in het verhaal over een jongen die ik niet kende, terwijl ik geen aandacht had voor waar het werkelijk over ging. Ik wilde wel en probeerde het ook, maar toen ik iets wilde zeggen tegen Bobby wist ik niet meer waar haar irritatie precies over ging. Ik wist dat het met school te maken had en dat er kinderen vervelend deden, maar verder was ik het kwijt. Haar irritatie en ongeduld waren groot. Ik dacht na, en stamelde wat. Ik geloof dat het in de trant van 'rot, hoor' of 'stom, zeg' moet zijn geweest. Maar het was niet genoeg en het had te lang geduurd voor ik reageerde. Ik denk dat er vijf minuten hadden gezeten tussen het einde van haar verhaal en mijn twee met moeite uitgesproken, lege zinnetjes. Ze keek me aan, verbaasd, geërgerd en ongeduldig. Misschien wilde ze wat zeggen, misschien wilde ze gewoon weg. Toen zei ze, na een korte zucht: 'Ik ga huiswerk maken.' En ze verdween.

En ik? Voor mijn hersenbloeding was ik haar achternagelopen, had ik met haar gepraat en haar vragen gesteld. Dan was het uitgesproken en opgelost geweest. Maar nu liet ik haar gaan, verward als ik was. Ik wist niet wat ik moest zeggen, hoe ik dingen moest zeggen. Ik moest slapen. Ik keek op de klok, zag dat ik nog een uurtje had voor Julie wakker zou worden en ging naar boven, naar mijn bed. Ik sliep meteen in. En werd wakker toen Julie huilde. Zij vroeg mijn aandacht. Het was overzichtelijk, want Julie stelde geen vragen, was niet geïrriteerd, niet verdrietig om wat mij was overkomen, niet verbaasd omdat er zo weinig uit me kwam. Julie was aan het huilen, omdat ze honger had, omdat haar luier vol was of omdat het koud was of te warm. Simpele dingen, duidelijke vragen. Geen teleurstellingen.

Die periode is moeilijk en verwarrend voor Bobby en Lynn geweest. Ik was – al noemden we het liever anders – een stiefmoeder. En die moet leuk en lief zijn, niet te moeilijk doen en niet te veel eisen hebben. Ze moet een soort tweederangspositie hebben ten opzichte van de vader. Want die is nummer één en moet, zeker als er een kind in het nieuwe gezin komt, laten zien dat zijn oudere kinderen nog steeds gewild zijn. Een vader of moeder kan zijn of haar eigenaardigheden of onhebbelijkheden hebben. Je hebt er tenslotte maar één van elk. En er is een grote kans dat je, althans gedeeltelijk, op hem of haar lijkt.

Een zieke stiefmoeder met wie je rekening moet houden, is ongewenst, onwennig en ongemakkelijk. Het is bovendien beangstigend om een stiefmoeder te hebben die soms kinderlijk reageert, traag haar vragen stelt en te vaak niet meer weet wat zij wil zeggen.

Pas toen ik het middel Concerta ging gebruiken, ging het iets beter. Ik werd fitter en kon mij langer concentreren tijdens een gesprek. Dan waren er momenten dat het goed ging en dat ik wel met hen kletste of een spelletje deed. Maar ik was nog steeds langzamer en minder scherp dan ervoor. Voor mijn beroerte kostte het geen moeite om een avond in hen te investeren. Na mijn beroerte, ook als ik Concerta gebruikte, kostte het concentratie en uithoudingsvermogen.

Lynn had er de meeste moeite mee. Zij kwam elke woensdagmiddag mee naar het revalidatiecentrum. Ze zag mij in een rolstoel tussen de andere 'kreupelen en manken'. Ik was niet echt in staat om te praten, laat staan om grappen te maken die alles lichter zouden hebben gemaakt. Het centrum is voor haar nog steeds verdoemd.

De periode daarna is voor haar des te verwarrender. Ik was thuis en de baby was er. Redenen om blij te zijn. Maar er was geen vreugde. Er was een huis waar het stil moest zijn als de baby en ik sliepen en waar ik, als ik wakker was, niet kon zeggen wat ik vroeger zei of alleen in een veel lager tempo. Ze zag de wanhoop in haar vaders ogen en zag dat ik niet meer was wie ik was geweest. En juist diegene vond ze leuk, die was er voor haar. En al kwam die persoon beetje bij beetje terug, het ging te vaak te langzaam voor twee pubermeisjes.

Vriendschap

Mijn hechte vrienden bleven goede vrienden. Ze waren er voor me. Het zijn mensen gebleken van wie ik op aan kan. Ook zijn er nieuwe vrienden bij gekomen. Mensen die me nemen zoals ik ben, omdat ze me kennen zoals ik nu ben.

Maar er waren ook de lossere vrienden. Zo was er de vriendin met wie ik sportte, de vriendin van mijn werk, de vriendin van mijn studie, de vriendin uit de buurt. Voor hen was het vaak te veelomvattend wat er met mij gebeurd was. Sommige vrienden probeerden het wel te begrijpen, maar konden het niet. Het was te ingewikkeld, ik zei te weinig of ik paste niet goed meer in hun drukke bestaan. Ik kostte te veel tijd.

Zo was er die vriendin met wie ik een keer samen naar een andere stad ging om daar met een aantal studievrienden te gaan eten. Ik kon op de heenweg met haar meerijden. En ik zou met haar mee terugrijden. Dacht ik. Zij had echter besloten te blijven slapen. En ik kon de nacht niet bij mijn vrienden doorbrengen. Dat was te veel voor me.

Ik herinner me dat ik op het station stond. Het duurde een tijd – drie, vier treinen? – voordat ik het goede perron had gevonden. Toen ik eenmaal in de trein zat, was de conducteur verbaasd dat ik geen kaartje had en mijn ov-chipkaart niet had gebruikt. Ik weet nog dat ik hem hulpeloos aankeek. Ik voelde me klein, weerloos en heel erg dom. De conducteur keek me bezorgd aan. Ik weet niet hoe ik er heb uitgezien, maar ik denk dat 'ernstig in de war' in elk geval een goede beschrijving zou zijn. 'Voor één keer mag je door,' zei hij. Hij vroeg me waar ik naartoe ging. Kennelijk was mijn 'naar huis' voldoende voor hem. Op het station nam ik een taxi. Het was de enige manier om zeker te weten dat ik goed thuis zou komen.

Toen ik eenmaal thuis was, vroeg ik me vertwijfeld af wat er was misgegaan. Waarom had ik niets gezegd? Waarom had ik niets gevraagd?

Ik werd kwaad. Kwaad op mijn vriendin, die mij liet zitten. Kwaad om het gemak waarmee ze dit deed, kwaad op de situatie. Waarom was ik afhankelijk geworden van mensen van wie ik niet afhankelijk wilde zijn? En wat kon ik doen? Ik was bang dat ik, als ik niet meer naar dit soort etentjes ging, zou verworden tot een altijd thuiszittende patiënt met zelfmedelijden. Maar als ik wel ging, moest ik zaken als met de trein teruggaan aankunnen – en dat kon ik niet.

Praten met mijn vriendin deed ik niet. Ik had het al eerder gemerkt: zij begreep me niet en kon of wilde niets doen om mij wel te begrijpen. Ik kwam niet uit mijn woorden, ik zei het niet goed, of ik zei maar de helft. Daarnaast was ik bang om iets te zeggen. Bang om toe te geven dat ik haar nodig had en om duidelijk te maken dat ik niet meer was wie ik was geweest.

Ik was, voordat de hersenbloeding me overkwam, flexibel. Voor mezelf en voor anderen. Ik had moeite met op tijd komen of op tijd weggaan. Ik had moeite met structuur, moeite met dingen van tevoren goed te plannen. Nu had ik grote problemen met dingen die niet gepland waren, gemaakte afspraken die weer heel makkelijk te verzetten bleken. Ik kon niet meer flexibel zijn. Ik was star geworden.

Er was ook die andere vriendin. Ze had een druk bestaan,

met vier kinderen, werk en een uitgebreid sociaal leven. Ze had maximaal een halfuurtje als ze langskwam. Terwijl ik tijd en aandacht kostte. Even snel vragen hoe het ging, was er niet meer bij. Ik kon geen antwoord geven als ik bijvoorbeeld ook koffiezette of koekjes pakte. Ik kon pas reageren als we rustig zaten.

En als ik aan haar vroeg hoe het met haar ging, leverde dat weinig op. Want het antwoord was steevast: 'Alles gaat goed.' Het is pas kortgeleden dat zij toegaf dat het haar alleen in vergelijking met mij goed ging en dat haar klachten vaak 'toch maar' over triviale dingen gingen. Maar wat had ik, hoe onbelangrijk of klein ze ook waren, ze graag gehoord. Dan had ik onderdeel kunnen uitmaken van haar leven.

Ik was veranderd. Ik kon niet meer snel meedoen, was mijn flexibiliteit kwijt en raakte verward als er te veel tegelijkertijd gebeurde. Ik voelde mij bij veel bekenden een stoorzender in het drukke dertigersbestaan.

Wij ervoor

Mijn hoofdredacteur ging voor een krantencongres naar Lissabon. Ik vloog op dezelfde dag voor een korte vakantie naar Barcelona. Tenminste, dat dachten collega's. Ik ging ook naar Lissabon, met hem. Het was het begin van een geheime affaire met de baas.

Hij was alles wat ik niet was. Hij trad gemakkelijk op de voorgrond, was een beetje bazig – sommigen noemden hem arrogant, hij vulde makkelijk een ruimte, was aanwezig, beleefde alles voor honderd procent. Hij was een man van de grote gebaren, een levensgenieter, hij had veel gereisd en hij was avontuurlijk. Hij was gescheiden en had twee kinderen. Hij was een invasie in mijn leven.

Een verhouding met mijn baas, een baas die vijftien jaar ouder was. Ik wist dat erover gezegd werd dat het vies was, dat hij in een midlifecrisis zat en dat ik slechts diende als 'jong blaadje' voor de afwisseling. Over mij werd gefluisterd dat ik zou zijn gevallen voor de macht, dat ik het spannend vond om het liefje van de baas te zijn of dat ik simpelweg koos voor een carrière via het bed. Ik had het zelf kunnen zeggen, als het om iemand anders was gegaan.

We waren permanent in gesprek, maakten over alles grappen, we vertelden elkaar verhalen, over vroeger, over wat we in de toekomst wilden of over het nu, we speelden vader en moedertje met zijn twee dochters, en we deelden de liefde voor de journalistiek.

We gingen naar Istanbul, naar Parijs, in het geheim naar de film of naar een concert in een andere stad. We lazen op zondagmorgen uitgebreid de kranten, thuis, in bed, hij en ik. Of we gingen voor een korte vakantie maar het Land van Bartje, met zijn twee dochters, toen negen en zeven jaar oud. Zwemmen, spelen in de speeltuin, fietsen over het terrein en een spelletje ganzenbord in de bungalow.

Ik twijfelde. Veel. Hij was al vader, was al getrouwd geweest, had al veel meegemaakt en het leek of hij alles al gedaan had wat ik ooit zou gaan doen. En ik zag mezelf al staan als jonge weduwe met kleine kinderen bij een kist. Want hij zou – tenzij ik voortijdig overleed aan een auto-ongeluk of een enge ziekte – eerder doodgaan dan ik. Zo'n kleine twintig jaar zou ik zonder hem zijn en zouden mijn denkbeeldige kinderen geen vader meer hebben. En gedurende de tijd dat de kinderen opgroeiden, zou hij voor een deel oud zijn. En hij zou niet kunnen voetballen of dansen met een kleindochter of -zoon. Als hij nog mee zou maken dat hij grootvader werd van onze kleinkinderen zou hij, vermoeid en stokoud, in een stoel zitten en met een beetje geluk een boekje voor kunnen lezen.

Reden genoeg ermee te stoppen. Maar er was die andere kant. Ik had relaties gehad, steeds opnieuw had ik het geprobeerd. Maar het werkte niet. De een wilde liever dan de ander, of de een begreep de ander niet. Mijn langste relatie duurde twee jaar. Ik begon me ernstig af te vragen of ik ooit samen met iemand een toekomst zou hebben, of dat ik als 'happy single' door het leven zou gaan.

En toen kwam Peter. Met wie het nooit saai was. Bij wie ik mij op mijn gemak voelde. Die mij mooi, lief en grappig vond, iemand naar wie hij wou luisteren, iemand met wie hij, zo zei hij, de rest van zijn leven wilde delen.

De verkeerde man op het juiste moment. Wat ons verbond was nieuwsgierigheid, gelijkgestemdheid en een onverzettelijke levenslust. Ik wilde bij hem zijn, ik wilde met hem samen zijn, ik wilde niet meer zonder hem verder. En hij wilde niet verder zonder mij.

We zouden, zo besloten we, wel zien wat de toekomst zou brengen. En Peter maakte er een grap over. 'Wel fijn voor mij dat jij, als ik oud en versleten ben, mijn karretje kan duwen.'

In Lissabon bezocht ik overdag de stad, 's avonds en 's nachts praatten we – ik zittend in het raam met een sigaretje – over de grote en kleine dingen van het leven. Over mijn twijfels, mijn wensen, mijn angsten. Over zijn verloren illusies, zijn dromen en zijn wens het met mij anders, beter te doen. Ik weet nog dat ik op een van die avonden stil werd, en niets meer zei. Ik had tranen in mijn ogen toen ik bekende dat ik verliefd was. Heel erg verliefd.

Wij erna

En toen liep Peter achter mijn karretje. In Den Haag in de buurt waar hij opgroeide. De buurt van troosteloze flatgebouwen en sombere speelveldjes, de buurt waar het revalidatiecentrum was. Maar we maakten er geen grap over. Zoals we nergens een grap over maakten, geen gesprekken hadden, elkaar niet begrepen.

De persoon op wie hij verliefd was geworden, leek te zijn verdwenen. Ik sprak niet meer; ik was onbereikbaar. Ons leven zoals we het kenden was voorbij. De persoon van wie hij was gaan houden, was weg en het was onduidelijk wie ervoor in de plaats was gekomen.

Het bruiste vroeger tussen ons, altijd en overal. Nu was het stil, doods. Ik deed niets. Mijn interesse in de buitenwereld leek verdwenen. Van een zelfstandige vrouw was ik opeens een afhankelijk iemand geworden. Iemand die in het beste geval een beetje meedeed. Maar niet iemand die zelf iets ondernam, zelf iets vond, zelf iets was.

Ik had het gevoel dat ik een grote prestatie leverde. Wat ik deed, deed ik zo goed mogelijk. Simpele dingen vroegen het uiterste van mij. Bijvoorbeeld de fles van Julie. Hoe warm moest hij? Hoe lang moest de magnetron aan? Hoeveel schepjes poedermelk moesten erin? Voor dit soort zaken had ik zoveel concentratie nodig dat er geen plaats was voor humor of goede gesprekken. Laat staan om dieper in te gaan op de vragen des levens. Of om me af te vragen: wie ben ik nog?

Lange tijd heb ik mij schuldig gevoeld dat dit mij en daarmee hem, zijn oudere kinderen en Julie was overkomen. We wisten geen van tweeën waar het naartoe zou gaan, of het zou verbeteren en hoeveel.

Peter heeft mij verrast met zijn toewijding. Hij zorgde voor Julie en mij. Hij was lief, geduldig en bleef.

Maar we hadden lange tijd vaak de verhouding van een patiënt en een verpleger. Op zulke momenten was ik niet meer zijn vrouw. Niet iemand die zelf beslissingen neemt. Peter was – zo voelde het soms – de baas. Zijn dominante karakter overschaduwde mij dan. Zoals die keer dat we naar het strand gingen met zijn oudere dochters en Julie. Ik weet nog dat ik me gedroeg alsof ik een van hen was. Peter zei wanneer we weggingen, wie welke tas moest dragen, waar we naartoe gingen. Hij reed, koos muziek uit, voerde het gesprek. Ik deed wat Peter zei. Ik ging op de passagiersstoel zitten, sprak geen woord en bij aankomst stond ik naast de auto te wachten tot ik een tas in mijn handen geduwd kreeg.

Of die keer toen we thuis een etentje hadden. Ik zou de tafel dekken. Bij elk bord, glas of servet vroeg ik zijn mening. Moest het met of zonder onderbord? Zou ik de servetten in een servetring doen of los naast het bord leggen? En moesten er twee of drie wijnglazen staan per bord?

Ik vroeg het om niet te riskeren dat ik het fout zou doen. Maar het irriteerde Peter. Bovendien zag hij mij, door dit gedrag, niet als volwassene. Want als ik dit soort hulp vroeg, dan kon ik toch geen zelfstandige vrouw zijn?

Ik was een patiënt. Zonder mening. Heel onzeker over mezelf. En maar half de vrouw die ik was geweest.

Dat ik niet werkte, speelde hierbij een belangrijke rol.

Toen we samen kwamen, hadden we allebei een baan. Werk was voor mij een groot gedeelte van wie ik was. Ik mat mezelf aan wat ik had geschreven en wie ik had geïnterviewd. Het lezen van kranten en tijdschriften was onderdeel daarvan. Ik sprak daar veel over met Peter. Elk verhaal zette mij aan het denken voor het volgende. En dat leverde een stroom aan gedachten, hersenspinsels en woorden op.

En nu was het stil. Ik zag dat Peter 's morgens met twee kranten begon. Ik zag hem geïnteresseerd lezen. Hij scheurde soms een artikel uit een van de kranten of maakte een aantekening. Ik wist dat ik dit vroeger ook deed. Maar ik kon het niet meer. Want de stroom was opgedroogd. Ik vroeg hem soms: 'Is het leuk wat je leest?' Dan legde hij uit wat er in het artikel stond. In een paar woorden. Hij wist dat ik mijn aandacht zou verliezen als hij te veel of te moeilijke zinnen gebruikte. En hij wist ook dat het raar was dat ik vroeg of het leuk was. Leuk was nooit het criterium geweest. Interessant, boeiend, fascinerend, dat had volstaan. Maar niet leuk.

Nu het beter met mij gaat, ik weer het woord interessant gebruik, is het soms zoeken naar de gelijkwaardigheid. Want die was weg, terwijl die een van de redenen was dat we zo graag bij elkaar waren. We waren gelijk. We deden van alles samen. En daarin vond ik hem en hij mij.

Na de hersenbloeding was Peter alleen. Hij wilde mij wel vertellen wat er was gebeurd op zijn werk, wat hij op televisie had gezien of in de krant had gelezen, maar het was niet meer zoals het geweest was. Hij vertelde, ik luisterde, dat was het. Hij kreeg geen reactie, behalve een bijna beleefd 'o ja' of ' tjonge'. Maar ik stelde hem geen vragen.

Ik kon nog maar één ding tegelijkertijd. En ik kon alleen maar praten als we allebei zaten, als ik me kon concentreren op het gesprek, zonder achtergrondgeluid. En daarvoor was niet altijd tijd, en niet altijd zin.

Nu zijn we weer gelijk aan elkaar. Vaak. Soms gaat het mis. Dan valt Peter terug in het oude patroon. Dan moet ik de tafel dekken en vraag ik te veel, of ga ik op de passagiersstoel van de auto zitten zonder te zeggen dat ik eigenlijk wil rijden. Of Peter stelt zich te veel als verzorger op. Dan word ik naar bed gestuurd omdat ik er moe uitzie. Dan is het weer alsof ik een kind ben en van mijn ouders moet gaan slapen. Laatst vond hij het tijd dat ik naar bed ging. Ik gehoorzaamde. Maar halverwege de trap keerde ik terug. En zei: 'Wil je nou eens stoppen met dit patiëntensyndroom? Ik ben nog niet moe. Ik ga nog niet slapen.' Peter keek me verdwaasd aan. Toen moest hij lachen. Het kwartje viel.

Peter zegt dat ik hem heb verrast door mijn grote inzet om beter te worden. 'Je wilde koste wat kost alles doen wat jou enigszins vooruit kon helpen. Zelf was ik allang depressief in een hoekje gaan zitten om er nooit weer uit te komen.' Hij zegt dat het van essentieel belang is geweest dat mijn karakter niet wezenlijk is veranderd. 'Als je eruit was gekomen als een ander mens, een mens op wie ik nooit verliefd zou zijn geworden, weet ik niet of ik bij je was gebleven.'

De film

Hoe erg was het eigenlijk? Hoe sprak ik? Hoe zag ik eruit? Kan ik met de ogen van nu kijken naar toen? 'Je moet *The Diving Bell and the Butterfly* eens zien,' hadden mensen me meer dan eens aangeraden. Een film uit 2007 over de Franse journalist Jean-Dominique Bauby, hoofdredacteur van *Elle*, die een ernstige beroerte krijgt, en daarna, opgesloten in zichzelf, niets anders meer kan dan met één oog de wereld bekijken. Met bovenmenselijke kracht en hulp van zijn logopediste en een redactrice van de uitgeverij schrijft hij er uiteindelijk een boek over, door met zijn oog de letters van het alfabet te knipperen. Hij overlijdt als zijn boek af is.

Ik begreep niet waarom ik die film zo nodig moest zien. Een steuntje in de rug? Kijk eens hoe goed het met jou is afgelopen? Het kan altijd erger? Dank u, dat weet ik al – ik heb de levende bewijzen gezien in het revalidatiecentrum. Er zijn gradaties van erg, en Jean-Dominique, de hoofdpersoon van de film, zit aan een gruwelijk uiteinde van het spectrum. Maar voor mij maakt dat niets uit. Ik heb mijn eigen erg. De ruimte tussen de spijlen mag verschillen, maar slachtoffers van een hersenbloeding belanden ieder in hun eigen kooi.

Toch merk ik bij mezelf een niet af te schudden nieuwsgierigheid naar de film. Niet zozeer dat ik wil weten hoe het is om met een 'locked-in-syndroom' door het leven te moeten gaan. Wat me intrigeert is die onuitroeibare wil om het op te schrijven. Dat is de journalist in hem, en in mij: iets bestaat pas als ik het heb opgeschreven.

Ik bekeek de film. Daarin zie je het enorme verschil tussen de man die Bauby was, een veertiger die middenin het leven stond, snel, hardwerkend, veel affaires, een levensgenieter en de man die hij werd: gekluisterd aan zijn bed of zijn rolstoel. Je ziet hoe zijn zelfmedelijden verandert in een sterke wil om te communiceren, waarbij hij de kracht van zijn geheugen en zijn verbeelding gebruikt.

Ik herken de wil om te communiceren, de wil om te luisteren, de wil om te praten. Ik herken de behoefte om mijn geheugen in te zetten om dingen opnieuw mee te maken. In de film zie je hem in een flashback skiën, met grote snelheid van hoge pistes af gaan. Ik herinnerde me het zwemmen in de zee. Hoe meer golven, hoe beter. Je ziet hem hard rijden in zijn open auto. Ik denk terug aan hoe ik uit een vliegtuig sprong en met een parachute landde in de woestijn van Namibië. Hoe spannender, hoe beter. Hij dacht na zijn beroerte, tijdens het 'schrijven' van zijn boek, aan zijn werk, je ziet hem in de film werken met fotografen en modellen. Ik denk ook aan mijn werk, aan de snelheid en het gemak waarmee ik mensen interviewde.

De eerste keer dat de artsen Jean-Dominiques kamer in komen en tegen hem praten, voel je zijn beginnende onrust. Niets kunnen zeggen, geen contact kunnen leggen. In de film is zijn gezicht verlamd. Het is prachtig pijnlijk gedaan. De linkerkant van zijn mond hangt naar beneden. Zijn linkeroog ziet er groot en gespannen uit. Het andere oog is dichtgenaaid.

Als de film is afgelopen, voel ik een sterke wens: mezelf terugzien. Wist ik maar hoe ik eruitzag vlak nadat het was gebeurd, hoe mijn gezicht stond, wat ik zei en hoe dat klonk.

Kon ik het beeld van de Simonne van toen maar naast de Simonne van nu zetten en zien of ze dezelfde vrouw is. Had ik maar een film van mezelf.

Als ik in bed lig, pieker ik erover door. Ineens, vanuit het niets, komt het in een flits binnen: die film is er! Die film bestaat! Ik herinner het me plotseling levendig, alsof ik weer in mijn ziekenhuisbed lig. Twee weken nadat ik buiten bewustzijn het ziekenhuis werd binnen gereden, heeft een semiarts me geïnterviewd. Ik wist dat ik zijn afstudeerproject was, maar dat hij voor een draaiende camera vragen stelde was ik vergeten.

Van pure opwinding schud ik Peter wakker. 'Ik ben gefilmd!' Ik schreeuw het bijna uit. 'In het ziekenhuis. Weet je nog? Ik ben gefilmd.' 'Huh?' antwoordt hij. Hij moet van ver komen. Maar als ik hem de ontdekking van mijn geheugen vertel, herinnert hij het zich ook.

Die nacht duurt het voor het eerst in lange tijd uren voordat ik in slaap val.

De volgende dag begin ik mijn speurtocht naar de film. Telefoontjes naar het ziekenhuis. Doorverwezen naar een ander ziekenhuis waar de toen zo jonge dokter nu werkt als neuroloog in opleiding. Mailwisselingen met secretaresses. En uiteindelijk het verlossende woord: de film bestaat nog. Ik kan hem komen ophalen in het ziekenhuis.

Mijn hand trilt als ik met de USB-stick voor de computer zit. Ik ben thuis, in mijn eentje, op zolder. Ik twijfel of ik het filmpje moet gaan zien, of ik het aankan. Het voelt als een confrontatie met iets wat ik lange tijd heb ontkend. Maar mijn nieuwsgierigheid wint het van mijn weerstand. Ik moet lachen: die nieuwsgierigheid is er nog. Ik doe de USB-stick in de computer.

Het is donker. Het filmpje begint.

Witte letters op een zwarte achtergrond. Patiënte (34), thalamusbloeding, 28-10-2008. De tekst blijft even staan. Dan ben ik te zien. Ik kijk wat bevreemd en heel geconcentreerd naar de arts naast mij.

Op het kastje naast me staan een glas water, een drinkbeker met Roosvicee en een bos bloemen. Daarnaast staat een lijstje met een foto van mijn zussen en mij, en een fotootje van de laatste echo van Julie. Boven me hangen beterschapskaarten.

Kennelijk heb ik gedoucht, of liever gezegd: ben ik gedoucht, want mijn haar is gewassen. Ik zit min of meer rechtop, de kussens achter mijn rug zijn opgeklopt, de deken en het laken zijn rechtgetrokken. Een verpleegster moet van tevoren langs zijn geweest.

Het is close-up gefilmd. Een verpleegkundige houdt de camera vast. Nu herinner ik me dat weer. De arts, die naast me zit, stelt de vragen. Mijn mond hangt aan de rechterkant naar beneden, mijn rechteroog is stukken groter dan normaal, het lijkt wel op een vissenoog, alle lach- of beginnende ouderdomsrimpels zijn aan de rechterkant verdwenen. Mijn huid ziet er opgerekt uit. Ik zie er raar uit, als een onaffe wassen pop.

Ik ben vriendelijk tegen de arts, maar ik snap duidelijk niet zo goed wat hij doet en waarom. Ik lijk de vragen niet helemaal te begrijpen, want ik praat langzaam en soms helemaal niet. De antwoorden zijn verwarrend. En soms ook niet. Dan is het even, heel even, of alles nog gewoon is.

De arts vraagt me wat ik nog weet van de eerste uren na de hersenbloeding, toen ik alleen thuis was. Ik begin de zin goed, normaal bijna. Maar dan gaat het mis. Ik wil zeggen dat er 'iets in mijn hoofd zat' wat niet goed was. Maar ik kom er niet uit. Ik mompel iets onverstaanbaars. Dan eindig ik de zin met 'ja, ja, ja.' De arts vraagt of ik nog weet hoe ik me voelde. Ik mompel iets over hoofdpijn en heel erg moe zijn. Dan zeg ik weer: 'Ja, ja'. En dan: 'Moe, dat was het.'

Opvallend is ook dat ik zeg dat ik op de intensive care, waar ik drie dagen heb gelegen, 'drie of vier keer' wakker was, wat ik mij nu niet meer herinner. Ik heb het over verbijstering. Mijn familie heeft het ook over die momenten. Zo heeft mijn oudste zus me verteld dat ik meerdere keren nee schudde toen de artsen bij mijn bed over de drain spraken en over eventuele verdoving. Ik moet gedacht hebben aan Saridon-tabletten, waar ik ernstig allergisch voor ben, ik was bang dat de artsen dit middel zouden gebruiken. Pas toen mijn zus me kalmeerde en me zei dat dit middel niet gebruikt zou worden, werd ik rustig. Voor mijn zus reden om aan te nemen dat ik niet helemaal buiten bewustzijn was en wel degelijk kon communiceren.

Bij sommige vragen van de arts reageer ik erg verwonderd, omdat ik het antwoord niet weet. Mijn traagheid verbaast me, en ook dat de woorden halverwege lijken weg te vallen, omdat ik ze niet of maar half uitspreek of omdat ik ze niet meer weet. Ik schrik bijvoorbeeld bij mijn reactie op de vraag welke datum het is. Ik begin normaal antwoord te geven, maar dan blijkt dat ik negentien wil zeggen in plaats van tweeduizend. Dan ben ik verbijsterd en ga ik hakkelen. Als ik uiteindelijk 2008 zeg, ben ik opgelucht, maar vertwijfeld dat dit me zoveel moeite kostte. Ik ben lang stil. Dan zeg ik twijfelend: 'De dag is tussen de 20 en de 30. Uhh, 25, nee, 26, nee, 27?' De arts antwoordt met een glimlach dat het 'bijna goed is'. 'Het is de 28ste.' Hij zegt het vriendelijk, bemoedigend. Ik kijk hem dankbaar aan, maar weet dat ik nog iets moet zeggen. Ik denk na, lang, en zeg dan: 'September.' 'Nee. Nee, het is niet september. Sevemb... nee, sevesev... nee, decem... nee. Het is tussen september en die andere, november. Nee. West... ja, Westeinde.' De arts schiet me te hulp: 'Het is oktober.' Ik knik en kijk hem verbijsterd aan dat ik deze hulp nodig heb.

Dezelfde wanhoop overvalt me als ik van een aantal zaken moet zeggen wat ze zijn. De arts wijst zijn horloge aan, en ik reageer bijna enthousiast met het woord 'encyclopedie'. Ik kijk hem een moment blij aan. Dan weet ik dat ik iets fout gedaan heb. 'Nee, nee, nee. Niet ency... encyclo... niet dat. Maar, uhh, ho... hor... horloge.' Ik zeg het vragend. Als de arts instemmend knikt, reageer ik blij en dankbaar. Als hij een rolletje plakband laat zien en vraagt wat het is, zeg ik, weer twijfelend: 'Plasticjes.' Ik herhaal dit nog twee keer. Als de arts zegt: 'Het is goed,' lijk ik me af te vragen wat hij bedoelt. Maar ik zeg niets.

Ook met rekenen heb ik moeite. Ik moet zeven van honderd aftrekken, en dan weer zeven van het antwoord. Ik begin weer goed. Vlot en verstaanbaar zeg ik 93. Dan wordt het moeilijker. Het duurt even voor ik op 86 kom. Drie keer zeg ik iets anders, gevolgd door: 'Nee, nee, wacht.' Hetzelfde gebeurt bij 79. Weer zeg ik het eerst verkeerd. '97, nee, nee, 89, uhh, uhh, ja, ik weet het, 79.'

De arts vraagt me of ik het allemaal begrijp. Hij knikt als hij ziet wat ik probeer te zeggen. 'U snapt het wel, maar u kunt zich niet goed uitdrukken,' zegt hij samenvattend. Ik knik en zeg dankbaar: 'Ja.' En voeg daar wijzend op mijn mond aan toe: 'Ik weet niet.'

De camera verandert van positie. Ik zit niet meer rechtop, maar lig languit. Ik ben uitgeput van dit gesprek van nog geen vijf minuten. De arts ziet het en zegt dat hij me zo met rust zal laten. 'Maar eerst de woorden die ik u had gegeven in het begin van het gesprek. Weet u ze nog?'

Ik weet het niet meer. Niets. Ook niet als de arts het eerste woord geeft. 'Appel', zeg ik hem na. Ik weet dat er meer moet zijn. Maar ik weet niet meer wat. Ik kijk hem wezenloos aan. Dan stopt het filmpje.

Het is stil in de kamer. Ik staar naar het beeldscherm. Ik weet niet wat ik ervan moet denken. Mijn God, wat ben ik ver gekomen. Ik ben scherper, ik snap mensen weer, ik struikel niet meer over worden als september en maak niet meer van plakband plasticjes. Het leven is, zeker op het eerste gezicht, normaal. Ik praat soms en steeds vaker alsof er niets is gebeurd, ik vergeet niet meer alles, ik doe weer vrijwel helemaal mee. Maar toch. Kijkend naar het filmpje merk ik dat er woorden zijn die ik nog steeds kwijt ben. Toen de arts mij zei dat het apparaatje dat hij bij zich droeg een pieper was, had hij het net zo goed nu, al die jaren later, voor het eerst kunnen zeggen. Het lijkt wel of ik dat woord nog nooit heb gehoord. En ook nu nog lukt het me niet vier woorden te onthouden en die vervolgens foutloos te herhalen. Toen kon ik er niet één benoemen, nu drie. Ik vind dat nog steeds te weinig. Net zoals ik vind dat ik niet snel genoeg praat, niet genoeg tegelijkertijd kan doen, niet meer kan rennen, dansen of lopen zoals vroeger.

Maar als ik denk aan wat de arboarts zei toen ik een jaar na de hersenbloeding bij hem kwam, voel ik me vrolijk worden. En sterk. Want hij had geen enkele hoop dat het ooit beter zou worden. Ik weet nog hoe hij reageerde toen ik hem vertelde over het schrijven van één of twee zinnen per maand.

Hij had mij al opgegeven. En hij zei dan ook tegen Peter – en niet tegen mij – dat ik me geen zorgen moest maken over werk. 'Dat is geregeld,' zei hij berustend en vol medelijden. Het revalidatiecentrum verklaarde mij 'uitbehandeld'. Er was zogoed als niets meer dat zou veranderen. Het was, zo vonden zij, zoals het was.

Ze hadden het mis.

Ik had een doel: Julie. Er was de noodzaak om beter te worden. Zij liet mij zien dat het leven niet alleen om mij en mijn mankementen draaide, maar ook om haar, zij die mij nodig had, zij die volop wilde leven. Zonder dat ze het wist, werd haar levenskracht ook de mijne. De wil om mee te doen, de wil om er te zijn, de wil om te leven. Ik moest er voor haar zijn, zo goed als ik kon.

Maar ik weet dat ik dit niet op deze manier had kunnen zeggen als de AVM bijvoorbeeld twee centimeter of misschien zelfs een millimeter naar rechts of links had gezeten. Dan was er niets te vechten geweest, hoe ik het ook had geprobeerd.

Tweede kind

Ik kijk naar het kleine meisje in mijn armen. Marie. Ze slaapt. Nog steeds. Ik kijk naar haar handjes, zo klein, maar ook zo sterk. Naar haar gezichtje, haar mondje, een beetje open. Ze is een beetje rood, van de inspanning en de schrik van het geboren worden. Ik kijk naar haar gesloten ogen en luister naar haar ademhaling.

Al toen ik zwanger was van Julie, wist ik dat ik twee kinderen wilde. Het liefst, omdat Peter ouder was, dicht op elkaar. Toen ik wakker werd in het ziekenhuis en nog niet doorhad wat de ernst van de situatie was, was een van de dingen die ik het eerst vroeg of het krijgen van een tweede kind nog tot de mogelijkheden behoorde. Of eigenlijk vroeg ik: 'Tweede?' En ik bewoog de hand die op mijn buik lag. Ik weet nog dat de arts op verbaasde toon zei dat 'er eerst maar voor gezorgd moest worden dat deze zo goed mogelijk ter wereld kwam'. Ik vond de arts kil en onaardig, ik besefte niet dat ik nog een lange weg te gaan had.

Maar de wens om een tweede kind te krijgen nam niet af, integendeel, hij werd juist sterker. Een tweede kind, voor mij, voor Peter, een broertje of zusje voor Julie, zou de situatie normaliseren, zou mij van patiënt weer mens maken. Wat mensen er ook van vonden, ik wilde het en wist dat ik het kon.

Maar vooral Peter had de behoefte om zoveel mogelijk te

vergeten wat er gebeurd was en wist niet of hij wel wilde dat ik opnieuw zwanger zou worden. Toen bleek dat het foutje in mijn hoofd twee jaar na de bestraling gerepareerd was, wilde hij niet omkijken maar doorleven. Een zwangerschap zou het verdriet opnieuw in herinnering brengen. Bovendien had hij een grote angst dat ik een tweede hersenbloeding zou krijgen. 'Dat overleef je niet. En dan blijf ik met twee kleine kinderen achter.'

We besloten – na lang praten – dat we een gynaecoloog en een neuroloog zouden polsen voordat we een beslissing namen. Ik moest van hen stoppen met het gebruik van het medicijn Concerta, maar verder was er niets dat een gezonde zwangerschap in de weg zou staan. Ik liep geen gevaar op een tweede hersenbloeding.

De artsen gaven de doorslag. Er was geen risico. Ik weet nog dat Peter het een keer hardop herhaalde. Hij was opgelucht en opgetogen. Toen werd mijn overtuiging ook de zijne. Een kind was welkom, heel erg welkom.

Marie draait met haar hoofdje. Ze gaapt. Haar leven begint op nul. Ze weet nog niets van mij. Ik ben gewoon haar moeder.

De deur gaat open. Ik zie een enorme ballon met daarachter het hoofd van een vrolijke en zenuwachtige Julie. Ze komt binnen en kijkt naar haar zusje. Dan naar mij. Ze zegt: 'Ik vind haar lief, mama. Echt waar.' Ze wijst naar de ballon waarop staat: 'Hoera, een baby'. 'Maar deze neem ik mee naar huis.'

Alles lijkt ineens gewoon. Voor Julie en Marie ben ik wie ik ben. Een moeder zonder voorgeschiedenis.

Nawoord

Van dat ene woord 'hallo' – mijn eerste e-mail vanuit het revalidatiecentrum – tot alle woorden in dit boek: het schrijven heeft me gered. Langzaam begon ik met het opschrijven van wat er gebeurd was. Ik schreef één of twee, vaak onaffe, regels per maand. Op zoek naar synoniemen, tegenstellingen, vergelijkingen. Dat ene talent waar ik mee ben opgegroeid, hielp me om mijn wil om terug te keren naar wie ik was in woorden te gieten. Het schrijven zal mijn geschonden hoofd ongetwijfeld geholpen hebben om mijn taal terug te winnen. Schrijven is een zoektocht naar verbindingen, net als het herstel van hersenfuncties. Schrijven was therapie en tegelijk een terugkeer naar wie ik ben. Als ik weer kan schrijven, kan ik weer bestaan.

Ik wilde Julie, als zij daaraan toe is en het wil, vertellen in wat voor chaos zij ter wereld is gekomen. Ook had ik de hoop om Peter, mijn vader en moeder, mijn zussen, mijn overige familie en mijn vrienden en vriendinnen te kunnen uitleggen wat er die eerste tijd in mijn hoofd omging. Later kwam daar de sterke wens bij andere patiënten en hun naasten inzicht te geven in wat er met je kan gebeuren als je een beroerte krijgt. Ik wilde artsen en verpleegkundigen vertellen hoe ze beter konden omgaan met patiënten zoals ik.

En ik wilde Julie en Marie vertellen over levenskracht. Over hoe je – juist als het moeilijk is – een manier kunt vinden om niet op te geven en verder te gaan. Zodat je het leven kunt omarmen zoals het komt.

Het schrijven begon als bij een kind, maar heeft geleid tot dit boek, mijn boek.

Ik lees weer. Het eerste boek las ik pas na een jaar, en ik deed er lang over. Ik begreep onderdelen van het boek niet of ik herinnerde me bepaalde stukken niet meer. Gewoon verdwenen. Ik heb dat nog steeds, maar het wordt minder en ik besef het na ongeveer een bladzijde, dan lees ik zo'n stuk opnieuw en onthoud ik het. En ik kan er weer van genieten.

Het lezen van kranten kon niet meer, maar ook dat gaat beter. Nog steeds lees ik ze niet zoals ik ze ooit las – veel en snel –, maar ik lees artikelen, met aandacht, verbazing, woede of plezier.

Ik kan weer praten, kletsen en lachen. Ik heb weer mijn interesses en kan ze uiten. En wat net zo belangrijk is: ik kan me weer ergeren aan kleine dingen en me boos maken over grote dingen.

Ik leef – meer dan ik vroeger deed – in het nu. Ik leef intenser dan dat ik deed. Ik moet kiezen, elke dag, tussen wat belangrijk is en wat minder belangrijk, want te veel verschillende dingen op een dag kan ik niet aan. Dan raak ik in de war of te zeer vermoeid. Nog steeds. Daarom selecteer ik bewust uit wat het leven me te bieden heeft.

Ik leef, meer dan ooit.

Dankwoord

Mijn ouders hebben mij van jongs af aan geleerd niet op te geven, maar door te gaan als het moeilijk was. Daar heb ik veel aan gehad. Maar zij waren er ook toen bleek dat ik bepaalde dingen niet meer kon of meerdere keren iets moest doen voordat het weer lukte. En ze waren er op de momenten dat ik het niet meer zag zitten. Dat gaf en geeft steun.

Ook mijn zussen waren er onvoorwaardelijk voor mij. Ik leerde opnieuw om te gaan met het leven en kon dat vanuit een veilige omgeving doen. Het voelde goed te weten dat zij er waren en dat ik er voor hen gewoon mocht zijn.

Mijn vrienden en vriendinnen ben ik ook dankbaar. Met hen kon ik opnieuw lachen, praten, dingen zien, dingen ontdekken. Zij gaven mij de kans mijzelf terug te vinden.

Tijdens het schrijven heb ik hulp gehad van vrienden en familie die met hun op- en aanmerkingen hebben gezorgd dat het verhaal uitgebreider en beter werd. Ik dank daarvoor Jos en Trees van Gennip-Horsten, Karien en Freijkje van Gennip, Eric en Madeleine Boogerman, Maartje Köster en Marlies van Roijen en Liesbeth de Vos. Ook uitgever Melissa van der Wagt en hoofdredacteur Marjolein Schurink van Cargo ben ik veel dank verschuldigd. Zij hebben geregeld het boek van commentaar voorzien, waardoor het uiteindelijk rijker en completer werd.

Mijn speciale dank gaat uit naar mijn man, Peter ter Horst. Hij was er op de moeilijke momenten. Hij heeft mij gesteund, geduld met mij gehad en mij geholpen met wat ik weer moest leren. Door alles heen is hij zichzelf gebleven.

Bij het schrijven dacht hij mee, kwam met suggesties, stimuleerde mij door te zetten en het af te maken, keer op keer. En hij was de beste eindredacteur die ik mij kon wensen.

Hij gaf mij de tijd en ruimte om op te schrijven wat ik heb meegemaakt. Om terug te blikken en, misschien het belangrijkste, om vooruit te kijken.